Rita Pohle

Weg mit den Sorgen

pickup

Rita Pohle

Weg mit den Sorgen

10 Schritte in ein leichteres Leben

Alle Ratschläge und Hinweise in diesem Buch
sind von der Autorin sorgfältig geprüft worden.
Eine Garantie kann dennoch nicht übernommen werden.
Eine Haftung der Autorin beziehungsweise des Verlags für Personen-,
Sach- und Vermögensschäden ist daher ausgeschlossen.

Bibliografische Information der Deutschen Bibliothek
Die Deutsche Bibliothek verzeichnet diese Publikation in der
Deutschen Nationalbibliografie; detaillierte bibliografische Daten
sind im Internet unter http://www.ddb.de abrufbar.

Redaktion: Vera Baschlakow, Berlin
Umschlaggestaltung: ZERO Werbeagentur, München
Umschlagmotiv: FinePic
Produktion: Ortrud Müller
Satz: EDV-Fotosatz Huber/Verlagsservice G. Pfeifer, Germering
Druck und Bindung: Alcione, Trento
Printed in Italy

ISBN-10: 3-7205-2777-8
ISBN-13: 978-3-7205-2777-4

Inhalt

Einleitung

Unsere alltäglichen Sorgen stehen auf Platz 1 der Liste von Dingen, die wir am liebsten los wären. Von banal bis kompliziert: Jeder reist mit einem Gepäck voller Probleme, Befürchtungen und Ängste durchs Leben. Dem einen reicht dabei eine Plastiktüte, der andere braucht einen Container, um sie zu transportieren!

Dabei scheinen die Lösungen nahe zu liegen: Wenn wir endlich im Lotto gewinnen würden ..., wenn sich unser Partner änderte ..., die Schwiegermutter ausziehen würde ... und die Nachbarn nicht mehr nervten ...! Dann könnte das Leben doch wunderbar sein!

Es gibt hingegen auch Menschen, die sich mit ihren Sorgen wohl zu fühlen scheinen. Sie wachen morgens nach dem Motto auf: »Guten Morgen, liebe Sorgen, seid ihr auch schon alle da?« und lassen tagsüber keine Gelegenheit aus, diese zu vermehren. Sie können ihr Frühstücksei schon aus Sorge um ihre Gesundheit nicht genießen, man denke nur an die Vogelgrippe! Die Lektüre der Tageszeitung bestätigt sie in ihren Sorgen: Der Weltfriede ist in Gefahr, die Arbeitsplätze unsicher, die Aktienkurse fallen. Während die sonnigen Gemüter über diese Hiobsbotschaften großzügig hinwegschauen, macht sich der »Sorgentyp« unendlich viele Gedanken und saugt diese Botschaften mit jeder Faser seines Körpers auf. Die Sorgen dringen in ihn, infizieren sein Gemüt, sie machen ihn vielleicht sogar körperlich krank.

Probleme und Sorgen an sich sind abstrakt und deshalb schlecht fassbar. Sich zu sorgen ist eine Betrachtungsweise, die einer Weltanschauung gleichkommt. Sie betrachtet buchstäblich alles unter dem Aspekt einer lauernden Gefahr. Wie eine »Markise« verschatten Sorgen das innere Haus, je nach ihrer Größe mehr oder weniger. Dabei ist jeder von uns Gestalter seiner eigenen, ganz speziellen und manchmal auch ganz ausgefallenen Sorgen. Allen Sorgen ist gemeinsam, dass sie nicht real sind, aber eine sehr reale Auswirkung auf Ihre Gesundheit haben können: Sorgen machen krank und schwächen uns! Die Vorstellung, dass eine unheilbare Krankheit aus fernen Ländern Sie ans Bett fesseln wird und vielleicht auch noch umbringt, kann aus Ihrem kleinen Schnupfen zusammen mit Ihrer Fantasie einen ausgewachsenen grippalen Infekt zaubern!

Mit Ihrer Vorstellung und Ihren Gedanken gestalten Sie Ihr Leben. Denn alles, was der Mensch sich in seiner Fantasie ausdenkt, wird im Gehirn zu Bildern verarbeitet. Diese Bilder wiederum beeinflussen den menschlichen Körper und auch seine Seele so, als ob die Bilder real wären! Aber wenn wir in der Lage sind, uns um das Wetter am Wochenende genauso zu sorgen wie um den neuen Nachbarn, der demnächst einzieht (»Hoffentlich spielt er nicht Klavier oder hat schreiende Kinder«), wenn wir also unentwegt Sorgen produzieren können, dann sind wir ebenso gut in der Lage, diese Produktion einzustellen. In dem folgenden Buch möchte ich Ihnen zeigen, wie Sie Schritt für Schritt Ihre Sorgen (zumindest einen großen Teil von ihnen) entsorgen können!

1. Schritt:

Weg mit dem Anspruch immer perfekt zu sein

Seien Sie doch mal zufrieden mit sich selbst!

»Ich bin nicht gut, schön, intelligent genug. Ich könnte alles noch besser machen ...!«

Sie lächeln von Plakatwänden und tanzen durch die Werbung. Sie füllen ganze Romane und haben eins mit den Märchenprinzessinnen gemein: Es gibt sie nicht wirklich, diese Superfrauen, sie sind ein Mythos! Diese scheinbar multifunktionalen Frauen, die schon am Frühstückstisch gut gestylt auf Pumps ihren Kindern Frühstück servieren, Ihren Gatten küssen, die Kinder in die Schule fahren, danach ins Büro schweben, dort mal eben im Vorbeigehen Karriere machen und die Welt bewegen, ihren Körper im Fitness-Studio auf Modelmaße bringen, nach erledigtem Einkauf noch rasch ein gesundes Menü für die Familie zaubern, den Kindern eine Gutenachtgeschichte vorlesen, nachdem die Wäsche eben gebügelt wurde und sie sich danach in wunderbarer Weise in eine noch perfektere Geliebte ihres Mannes verwandeln.

Dieser Anspruch nach Perfektion hat inzwischen auch die Männerwelt erreicht. Sie hecheln dem Idealgewicht hinterher und quälen sich für einen Waschbrettbauch, müssen erfolgreich sein, attraktiv aussehen, sowohl gute Zuhörer als blendende Unterhalter sein. Mit diesem Aussehen eines Star sollten die Traummänner aber bitte bescheiden sein wie der Dalai Lama und treu wie Nachbars Hund! Hier entsteht ein Druck, den kein Mann, aber auch keiner, erfüllen kann.

Der Anspruch, in allem, was wir tun, perfekt zu sein, wird zum einen von außen an uns heran getragen, zum andern ist er selbst fabriziert. »Was ich mache, mach' ich richtig!« ist sicherlich eine sinnvolle Grundhaltung. Nur wollen wir es nicht richtig tun, sondern richtiger. Somit sind wir es, die die Messlatte nach oben setzen. Wir sorgen uns darum, perfekte Mütter oder anderweitig möglichst professionell zu sein oder zu werden, lesen Bücher und besuchen Kurse. Wenn es im Alltag dann nicht so klappt wie in der Theorie, haben wir das Gefühl, versagt haben.

Zusammen mit dem ungeheuerem Druck in der Arbeitswelt summiert sich der eigene Anspruch auf Perfektion im Privat- und Berufsleben.

Wer viel gibt, erwartet meist auch von anderen viel. Perfektionisten denken daher, dass andere noch mehr von ihnen erwarten als sie selbst es tun. So schraubt sich die Spirale immer höher! Wir machen uns Sorgen, dass wir die Erwartungen des anderen nicht erfüllen. Betrachten uns selbst als Rabenmütter oder -väter, unvollkommene und somit weniger liebenswerte Partnerinnen oder Partner. Darüber sollten wir eines nicht vergessen: Sich Mühe geben genügt! Alleine die Absicht zählt! Sind Sie nicht die beste Partnerin oder der Partner, die Sie momentan sein können? Vielleicht sind ja andere besser, aber Sie sind so gut, wie Sie sind, und das ist vollkommen in Ordnung!

Perfektionisten sind die schlimmsten Kritiker ihrer selbst. Nicht die anderen, sondern Sie selbst setzen sich unter einen enormen Druck! Diesen können auch nur Sie allein wieder abbauen. Also seien Sie einfach netter zu sich und nachsichtiger in der eigenen Beurteilung. Betrachten Sie sich nicht immer nur hinsichtlich Ihrer Defizite. Geben Sie einfach Ihr Bestes, dann sind Sie perfekt!

Schrauben Sie Ihre Ansprüche herunter!

Der Anspruch, perfekt zu sein, erzeugt auch anderen gegenüber einen Drang nach ständiger Optimierung! Die Unfähigkeit eines überforderten Kellners im Restaurant zu beobachten, der nicht in der Lage zu sein scheint, seinen Job effizient zu erledigen, kann für Perfektionisten eine Qual bedeuten. Perfektionisten können auch penetrante Besserwisser sein. Sie betreiben ungefragt Qualitätsmanagement und versuchen ihre Umgebung zu optimieren. Mit ihren Tipps und ihrer scheinbaren »Hilfsbereitschaft« mischen sie sich in das Leben anderer Leute ein. Sie können sich schlecht einfach zurücklehnen und die Komik genießen, die ein anderer ungewollt erzeugt, indem er nicht in der Lage ist, seinen Liegestuhl aufzustellen.

Für Perfektion gibt es keine DIN-Norm. Jeder ist genau so perfekt, wie er ist! Die kleinen Fehler und Macken machen den ganz persönlichen Charme eines jeden Einzelnen von uns aus! Perfektionisten sollten lernen, Fehler zu machen, den »Charme der Brüche« zu akzeptieren und Verantwortung abzugeben, ansonsten droht über kurz oder lang der körperliche und seelische Zusammenbruch.

Lernen Sie, zu delegieren!

Wer selbst zum Perfektionismus neigt, kann schlecht delegieren und nicht einmal das Geschirrspülen seinen Kindern anvertrauen. Ihm oder ihr ist so gut wie nicht zu helfen! Wer an sich selbst überhöhte Ansprüche stellt, stellt diese natürlich auch an seine Umgebung. Die Mitmenschen und der Partner sind da sehr schnell »überfordert« und trauen sich selbst dann wenig zu. Sie leben in ständiger Angst, den hohen Anforderungen nicht gerecht zu werden. Wenn Sie schon die perfekte Köchin sind, wie können Sie von Ihrem Mann erwarten, dass er auch mal was kocht? Er wird Ihnen doch auf diesem Gebiet nie das Wasser reichen können! Also tut er in der Küche erst gar nichts! Wenn ich meine eigenen, hohen Ansprüche an meine Arbeit selbst kaum erfüllen kann, wie sollen dem dann meine Angestellten oder Kollegen gerecht werden können? Runterschrauben lautet die Devise. Denn wer etwas weniger erwartet, kann in seinen Erwartungen nur übertroffen werden.

Mein Tipp:

Um sich auf das Entsorgen Ihrer Sorgen einzustellen, sollten Sie beginnen, Ihren Kleiderschrank zu entrümpeln: Dazu brauchen Sie einen Müll- und einen Altkleidersack. In den ersten werfen Sie die Teile, die wirklich schäbig und kaputt sind. Geben Sie diejenigen Stücke in den Altkleidersack (Sie können sie natürlich auch verschenken!), die Ihnen nicht mehr passen (falls Sie mal wieder in die Größe 36 reinpassen, dürfen Sie sich neu einkleiden!) oder die Sie ein Jahr lang nicht getragen haben (Sie werden Sie im nächsten Jahr noch weniger tragen), weil sie Ihnen nicht mehr gefallen. Nach dieser Aktion dürften nur noch diejenigen Kleidungsstücke in Ihrem Schrank hängen, die Ihnen passen, die Sie täglich tragen und die Sie mögen. Und nicht vergessen: Falls Sie sich ein neues Teil kaufen, muss dafür ein altes gehen! Diese Regel gilt auch bei Schuhen!

- Perfektion ist Ansichtssache!
- Jeder ist perfekt, so wie er ist! Mitsamt seinen kleinen Fehlern!
- Zuviel ist das, was Ihr ganz persönliches Limit übersteigt!
- Reduzieren Sie den zeitlichen Aufwand des alltäglichen Kleinkrams!
- Setzen Sie neue Prioritäten in Ihrem Leben!
- Streichen Sie das, was blockiert und nervt, so weit es geht aus Ihrem Leben!
- Gehen Sie die Hausarbeit etwas lockerer an und gönnen Sie sich dafür jeden Tag eine halbe Stunde »Auszeit«!
- Ohne Ihre täglichen Freiräume entstehen Aggressionen oder der Drang zur Flucht!

2. Schritt:

Weg mit unnötigen Problemen

Machen Sie Ihr Leben einfacher!

»Warum machen mir die Anderen ständig das Leben so schwer?«

Kennen Sie einen Menschen ohne Probleme? Wohl kaum! Wer kein Problem hat, belügt sich entweder selbst oder ist bereits erleuchtet! Wir haben Probleme mit Handwerkern, unkollegialen Mitarbeitern, nörgelnden Kunden, Probleme mit den schlechten Schulnoten der Kinder, unserem verständnislosen Partner oder dem Nachbarn, dessen Baum auf unser Grundstück nadelt.

Probleme sind Phänomene des Lebens, die einen stören, behindern, blockieren. Sie haben die Fähigkeit, sich überall und jederzeit einzuschleichen. Wie Termiten scheinen sie unser Lebensglück zu untergraben. Sie sind auf jedem Gebiet zu Hause: Sie verstecken sich in nicht funktionierenden Geräten als technische, in der Familie als zwischenmenschliche, bei der Koordination von Terminen als organisatorische Probleme. Allen gemeinsam ist, dass man gut und gerne auf sie verzichten könnte! Sie sind gleichermaßen ungeliebt wie vertraut und scheinen immer von außen in unser Leben zu treten.

Sie haben aber auch eine andere Funktion: Wie Kleister verbinden sie manche Menschen miteinander (»Ja, das Problem kenne ich gut ... wir haben auch mal umgebaut ...«) oder bieten sich zumindest als Gesprächsstoff an. Manch einer trägt seine Probleme wie eine Auszeichnung an der Brust: »Das ist ja noch gar nichts, ich erzähl dir mal was von meinen Problemen! Da kommen dir die Tränen!« Manche Probleme wollen daher nicht gelöst werden, sondern dienen als nachhaltiges Gesprächsthema, denn ohne sie gäbe es oft keine Berührungspunkte. Haben Sie auch schon mal versucht, einer Freundin beim Lösen Ihres Problems behilflich zu sein und nach stundenlangen Gesprächen festgestellt, dass jeder, aber auch jeder Vorschlag abgelehnt, verworfen oder gar nicht beachtet wurde? Als ob gar keine Lösung angestrebt, sondern das Problem wie ein geliebtes kleines Schoßhündchen gefüttert, gehegt und gepflegt wird und dadurch prächtig gedeiht!

Das Sprechen über Probleme muss nicht zwangsläufig zu einer Reduzierung des Problems führen. Ganz im Gegenteil. Über das »Füttern« mit Energie und Aufmerksamkeit kann aus Lappalien eine ausgewachsene Krise werden.

Probleme haben durchaus ihr Gutes: Sie bringen uns die Anerkennung unserer Umgebung (»Also wie du das mit diesem Kerl aushältst!«). Sie sind wie Mauern und Wände, hinter denen wir uns verstecken können (»Tut mir leid, dass aus uns beiden nichts wird, aber mit Frauen habe ich ein Problem.«). Sie sind gute Gründe, um etwas nicht tun zu müssen (»Ich würde ja gerne einen Ausflug ins Grüne mit dir machen, aber du weißt, meine Grasallergie.«) oder den anderen kontrollieren zu können (»Du kannst aber auch gerne alleine fahren, ich bin dir auch überhaupt nicht böse ...«).

Enttarnen und lösen Sie Ihre Probleme

Was immer für ein Problem Sie haben, die Wahl liegt bei Ihnen: Sie können es mästen, ignorieren oder auch lösen. Wenn es Sie wirklich in Ihrem Glück behindert oder blockiert und Sie sicher sind, dass Sie es offensichtlich nicht brauchen, dann weg damit! Probleme zu lösen heißt im ersten Schritt, sie zu betrachten und sich zu fragen:

- Ist es überhaupt ein *Problem*?
- Ist es *mein* Problem?
- Lässt es sich lösen?

- Falls ja: Wie? Wie sieht der erste Schritt in Richtung Lösung aus?
- Falls nein: Was ist dann zu tun?

Auf diese lösungsorientierte Art und Weise kommt man mit wenig Energie schnell ans Ziel. Aber nur, wenn man auch dorthin will!

Nehmen wir als Beispiel den »Hunger«. Angenommen Sie wachen mitten in der Nacht hungrig auf und haben nichts zu essen zu Hause. Ist das ein Problem? Ja! Und wie! Ist es mein Problem? Ja, ich habe Hunger! Dann haben Sie mehrere Möglichkeiten der Problemlösung »Hunger«: Sie fahren zur Tankstelle und kaufen sich etwas zu essen oder Sie lassen sich eine Pizza liefern. Oder Ihnen ist der ganze Aufwand zu groß, Sie nehmen den Hunger zur Kenntnis und entscheiden sich, das Hungergefühl zu ignorieren. Problem erledigt. Falls Sie sich aber die halbe Nacht Gedanken über Ihren Hunger machen, dann wird dieser größer und größer.

Falls Sie Probleme mit dem Wetter haben, beispielsweise weil es ihnen zu heiß ist, so werden Sie an den Temperaturen nichts verändern können. Dieses Problem ist keines, es ist eine »Tatsache«, die Sie hinnehmen müssen. Diesbezügliche Energien würden hier vollkommen unnötig verpuffen! Wenn mein Partner nicht meiner Meinung ist, so kann das vielleicht zu meinem Problem werden, aber grundsätzlich handelt es sich zuerst um eine Tatsache. Verändern lässt sich hier nichts, außer meiner inneren Haltung. Sich nach dem »Warum, wieso, weshalb?« zu fragen und Ursachenforschung zu betreiben, hilft hier nicht weiter. Wenn das Problem nicht zu lösen ist, dann lässt man es am besten (oder sucht sich ein Neues)!

Über den unterschiedlichen Umgang von Männern und Frauen mit Problemen wurde mehr als ein Buch geschrieben! Frauen können sich stundenlang über die unfreundliche Bedienung eines Restaurants unterhalten. Männer sind in der Regel pragmatischer und lösen das auf ihre Art, indem sie dort eben nicht mehr essen gehen. Funktioniert der PC nicht, beschäftigen sich Frauen ewig mit der Frage, was sie selbst falsch gemacht haben und suchen die Ursache des Problems bei sich selbst. Wohingegen Männer im Allgemeinen dazu tendieren, die Ursache beim Gerät zu suchen und dieses einfach auszutauschen!

Weisen Sie den Problemen einen angemessenen Platz zu!

Probleme kann man nicht loswerden, sie lassen sich lösen oder man lässt sie los. In dem Moment, in dem ich etwas loslasse, erledigt es sich oft wie von selbst! Probleme sind wie kleine Hunde. Wenn Sie nicht aufpassen, verfolgen sie Sie überallhin! Ins Badezimmer, ins Bett, in den Urlaub. Da hilft nur das Schild: »Wir müssen leider draußen bleiben« vor dem Bade- und Schlafzimmer. Schicken Sie die Hündchen auf ihren Platz: »Während der Arbeit hast du hier nichts zu suchen, ich werde später mit dir Gassi gehen.« Nehmen Sie sich bewusst Zeit zum Nachdenken. Vielleicht kurz nach der Arbeit, aber nicht direkt vor dem Schlafengehen. Setzen Sie sich einmal täglich hin, vielleicht in Ihren Sessel oder auf Ihr Sofa und denken Sie bewusst über die Themen nach, die Sie beschäftigen. Das Nachdenken funktioniert noch besser in der Bewegung, beim Spazieren gehen oder Joggen. Auf diese Weise lassen sich die kleinen Herausforderungen lösen, bevor diese sich überhaupt zum Problem entwickelt haben.

Manche Menschen werfen eher weg, während andere zum Sammeln und Horten tendieren. So verhält es sich auch mit Problemen. Manch einer zieht sich jeden Schuh an, indem er jedes Thema auf sich bezieht. Während ein anderer alles mehr oder weniger an sich abperlen lässt. Auch hierbei hilft die Strategie, die im Umgang mit den Dingen des Alltags gilt: Ein neues Problem darf nur kommen, wenn ein altes dafür geht! Und sollten Sie Freunde haben, die jedes Problem aufheben, das am Wegesrand liegt, dann unterstützen Sie dieses Verhalten nicht auch noch. Denn das Darüber-Sprechen ändert hier nichts, es macht das Problem nur noch größer. Die Bremse zu ziehen, eine klare Ansage zu machen wie »Nein, darüber werde ich jetzt nicht diskutieren« ist zwar nicht willkommen, aber oft hilfreich.

Bei den meisten Problemen ist die Suche nach den Ursachen reine Zeitverschwendung. »Warum hat sich meine Frau nach zehn Jahren glücklicher Ehe von mir getrennt?« Die Antwort mag interessant sein, aber sie ändert am gegenwärtigen Problem, dass man allein und verlassen ist, so gut wie nichts! Wenn man ein Kind fragt: »Warum hat du die Glasscheibe eingeworfen?« steht es da und schaut einen nur an. »Warum«-Fragen sind in die Vergangenheit gerichtet und nicht lösungsorientiert. Wer weiß denn nach fünf Minuten noch, warum er eine Dummheit begangen hat? Meist gibt es eh keinen vernünftigen Grund! Man kann zwar stundenlang darüber spekulieren, aber die Glasscheibe wird davon auch nicht wieder ganz. Man kommt allein durch die Frage weiter: »Wie löse ich das Problem?« (in diesem Fall wer repariert die Glasscheibe, veranlasst und bezahlt die Reparatur, meldet es der Versicherung usw.). Denn: Passiert ist passiert!

Finger weg von den Problemen anderer!

Wer von uns ist nicht Spezialist für die Probleme anderer! Wie leicht lassen sich diese doch im Gegensatz zu unseren eigenen lösen! Wie schnell haben wir hier gute Tipps parat! Und diese meist noch ungefragt! Wir wissen genau, welcher Weg für ihn der kürzeste und welche Entscheidung für sie die Beste ist. Wir erkennen die Gründe hinter den Problemen anderer genau und kommentieren sie ungefragt: »Ihre Ehe wäre nicht schief gegangen, wenn ...« Unsere Kommentare beweisen, dass wir uns gründlich ins Thema eingearbeitet haben.

Doch mit welchem Recht mischen wir uns, oft nur gedanklich, in das Leben unserer Mitmenschen? Vielleicht ist es die eigene Betriebsblindheit, vor der wir in unserem Leben bereits kapituliert haben, so dass wir uns scheinbare »Erfolgserlebnisse« woanders herholen? Hinter unserer »Hilfsbereitschaft« und Sensibilität steckt meist normaler Voyeurismus! Dass wir dabei das Terrain unserer Mitmenschen betreten, über die Zäune in den Nachbargarten klettern, ist uns oft nicht bewusst. Wir betreten, ohne anzuklopfen, fremde Schlafzimmer.

Wir haben dort nichts, aber auch gar nichts verloren! Dazu vergeuden wir noch unsere wertvolle Zeit und Energien, die wir für uns selbst gebrauchen könnten! Wir haben selbst genügend Angelegenheiten in Ordnung zu bringen, also sollten wir uns um unsere eigenen Dinge kümmern. Es versteht sich von alleine, dass wir hilfsbereit unseren Freunden helfen, falls sie uns darum bitten. Aber eben nur falls. Sich die Sorgen anderer zu machen ist vergeudete Zeit! Trauen wir unseren Freunden doch zur Abwechslung einmal zu, dass sie ihre Probleme selbst regeln können! Wir stehen einfach nur unterstützend zur Seite, sind da, falls sie uns brauchen, was allein oft genügt.

Mein Tipp:

Fragen Sie sich bei jedem Problem:

- Ist es überhaupt ein *Problem*?
- Ist es *mein* Problem?
- Lässt es sich lösen und wie sieht der erste Schritt dazu aus?
- Ziehen Sie sich nicht jeden Schuh an!
- Viel zu schnell machen wir uns die Probleme anderer zu eigen!
- Fangen Sie nicht jeden »Ball« auf, den ein anderer Ihnen zuwirft! Lassen Sie doch einfach die Finger davon und schauen Sie dem Ball nach, wohin er fällt!

- Sie alleine sind der Schöpfer Ihrer Probleme und Sorgen! Sie alleine können Sie auch wieder »entsorgen«!
- Setzen Sie den anderen Grenzen: »Über dieses Problem rede ich jetzt noch fünf Minuten und dann ist für heute Schluss!«
- Probleme kann man nicht loswerden. Man kann sie nur lösen oder loslassen. In dem Moment, in dem ich etwas loslasse, erledigt es sich meist von selbst!
- Lösungsorientiert denken heißt, sich nicht in Warum-Fragen zu verlieren, sondern nach vorne sehen!
- Die Frage nach dem »Wie« führt direkt auf die Handlungsebene!
- Jeder hat das Recht auf seine eigenen Probleme, also Finger weg von den Problemen anderer!
- Neues Problem in Sicht? Auch bei Problemen gilt: ein neues kann erst kommen, wenn dafür ein altes geht!
- Probleme laufen meist nicht weg! Sie lassen sich also morgen auch noch lösen!
- Fragen Sie sich bei jedem Gedanken: Soll er meine Zukunft bestimmen?

3. Schritt:

Weg mit täglichem Ärger

Regen Sie sich weniger auf!

»Wenn diese Nervereien nicht wären …!«

Kaum ein Tag vergeht, an dem wir uns nicht ärgern. Über das Hundegebell auf dem Nachbargrundstück, den Stau nach Feierabend oder den Regen, der uns den Urlaub verdirbt. Die allermeisten Ursachen unseres Ärgers sind nicht zu ändern. Was bringt es dem Stau, wenn wir uns ärgern? Löst er sich davon auf? Wohl kaum. Also ist Ärger eine an sich unnötige Emotion, die nur Zeit und Energie kostet. Mit unserer Reaktion »füttern« wir den Ärger meist noch, reden uns vom Ärger in die Wut und es entsteht ein explosives Gemisch.

Sie stehen im Stau? Nun ja. Stellen Sie sich vor, Sie würden diesen Stau von einer Aussichtsplattform beobachten. Tatsache ist: Es ist ein Stau und dieser wird sich irgendwann auflösen. Dass Sie sich ärgern, ändert weder etwas an seiner Dauer noch an seiner Länge. Also bleiben Sie ruhig bei scheinbarem »Ärger«, an dem Sie nichts verändern können, da Sie keinen Einfluss auf die Verkehrsführung haben. Stattdessen sollten Sie Ihre Haltung ändern! Machen Sie sich bewusst, dass der Ärger Ihr ganz persönliches Gefühl ist! Nicht der andere ärgert Sie, sondern Sie entscheiden, ob Sie sich ärgern lassen oder nicht!

Begrenzen Sie Ihren Ärger zeitlich!

Was bringt es uns, dass wir uns über Dinge ärgern, die einfach nur da sind und die man nicht verändern kann? Oder wie wollen Sie das Wetter ändern? Warum sich über den Autofahrer ärgern, der uns gerade so gefährlich geschnitten hat? Warum lassen wir uns von ihm die ganze Urlaubsfahrt verderben? Wir können entscheiden, ob er diese Macht hat!

Wir ärgern uns darüber, dass wir uns ärgern und der Ärger nimmt genauso viel Raum ein, wie wir ihm zur Verfügung stellen. Daher können wir uns entscheiden, wie lange wir uns noch ärgern wollen oder ob überhaupt. Und falls man ihn nicht ganz weg bekommt, kann man ihn räumlich oder zeitlich begrenzen. Wie lange ärgern Sie sich durchschnittlich am Tag? Halbieren Sie die Zeit! Das ist für den Anfang immer noch mehr als genug! Irgendwann werden Sie automatisch auf die Uhr schauen und sich dann nur noch fünf Minuten ärgern. Diese

Technik bringt Distanz und Humor ins Problem. Der Ärger verfliegt von alleine! Geben wir ihm fünf Minuten, denn er verdient es nicht, dass wir ihm mehr Energie opfern! Oder?

Weg mit den »Vampiren«!

Ärgern Sie sich über Ihre Mitmenschen? Haben Sie Menschen in Ihrem Bekanntenkreis, die Sie als »seelische Mülldeponie« missbrauchen? Die Sie zu jeder Tageszeit anrufen, um Sie mit einem Problem zu belasten, das absolut dringend ist? Die noch nicht mal warten können, bis Sie gefrühstückt haben? Diese Zeitgenossen fragen meistens nicht, ob sie ungelegen kommen oder vielleicht stören. Sie fallen einem buchstäblich mit ihrem Anliegen ins Haus und zeichnen sich durch eine extreme Dickhäutigkeit aus. Es sind die geborenen Egoisten, die sich das holen, was sie brauchen. Und wenn Sie es bei Ihnen bekommen, dann werden sie Sie in Zukunft öfter heimsuchen. Diese »energetischen Vampire« kennen keine räumlichen oder zeitlichen Grenzen. Wenn Sie etwas haben wollen, dann sofort. Und wie seltsam, dass sie gerade immer dann, wenn man selbst Unterstützung gut gebrauchen könnte, keine Zeit haben oder verreist sind! Diese Spezies hat ein untrügliches Gespür für Situationen, in denen es etwas zu holen gibt. Sie kommen immer rechtzeitig zum Essen, welch Zufall! Oder es liegt gerade was auf dem Grill! Der Vampir kommt nicht auf die Idee, auch mal eine Flasche Wein mitzubringen.

Die »Zeiträuber« treten meist telefonisch in Erscheinung. Sie können einen über Stunden hinweg beschäftigen, indem sie uns quasi ans Telefon »fesseln«. Manche sind geborene Telefonterroristen. Falls Sie selbst viel Zeit haben und Ihnen das Spaß macht, dann haben Sie kein Problem. Aber wenn Ihre Zeit eine knappe und kostbare Ressource ist, dann lassen Sie sich diese nicht auch noch stehlen! Hier gilt eine klare Regel: Falls es Sie nicht interessiert, so fragen Sie diesen Menschen nicht, wie es ihm geht. Mit dieser Frage öffnen Sie ihm die Tür zu Ihrem Heim und er wird seine Lebensbeichte über Sie ergießen!

Mir persönlich ist mein Tag zu schade, um ihn mit »Nervensägen« aller Art zu verbringen, das können Kunden ebenso sein wie Bekannte, Kollegen oder Familienmitglieder. Ich schließe mich da voll und ganz der Meinung General Eisenhowers an, der darüber hinaus empfiehlt, keine Minute damit zu vergeuden, an Menschen zu denken, die wir nicht mögen!

Ärger schwächt!

Wie wir uns kleiden, einrichten und ernähren hat genauso Einfluss auf unser Wohlbefinden wie die Bücher, die wir lesen, die Filme, die wir anschauen, die Menschen, mit denen wir zu tun haben. Das ist bekannt. Wir sollten daher auch diejenigen Personen suchen, die uns stärken und diejenigen meiden, die uns schwächen beziehungsweise den Umgang mit ihnen so weit es geht reduzieren! Darum gilt auch hier: Weniger ist mehr! Qualität geht vor Quantität! Ohne Absicht vernachlässigen wir die Menschen, die uns wichtig sind. Welche Freunde sind Ihnen wertvoll, wie viele »wirkliche« Freunde haben Sie überhaupt? Darum trennen Sie sich lieber von den Menschen, die keinen Platz in Ihrem Leben haben, Sie nerven, Zeit und vielleicht sogar noch Geld kosten! Ständig unzufriedene Mitmenschen und solche, die permanent etwas von uns wollen, werden durch zu große Beachtung und Aufmerksamkeit ständig »gefüttert«. Je unzufriedener sie sind, desto »überfütterter« sind diese Menschen. Anstatt dass wir uns lieber um die Menschen kümmern, die wir lieben und die wir von Zeit zu Zeit vernachlässigen: unsere Freunde und unsere Familie. Mit diesen Menschen sollten wir bewusst mehr Zeit verbringen, ihnen ab und zu auch mal etwas Nettes sagen, unsere Gefühle zeigen, anstatt uns von diesen »energetischen« Vampiren aussaugen, kontrollieren und schwächen zu lassen. Die Menschen, die uns durch negative Emotionen binden, wie nervende Kunden, streitende Nachbarn, immer noch präsente Ex-Partner und andere, sollten wir endlich aus unserem Leben verbannen. Wenn sie gegangen sind, lassen wir die Tür hinter ihnen geschlossen, um ihnen keinen Eintritt mehr in unser inneres Reich zu gewähren. Zeigen Sie diesen Menschen in Zukunft das Schild: »Wir müssen leider draußen bleiben«!

Verändern Sie die eigene Einstellung

Jeder von uns kennt Menschen, die er nicht ändern und auch nicht leiden kann. Manchmal ist es uns, bedingt durch äußere Umstände, nicht möglich, uns von ihnen fern zu halten. In diesem Fall müssen wir zu einer anderen Strategie greifen. Sie können keinen anderen Menschen verändern, wohl aber Ihre Einstellung zu ihm. Sie können ihm oder ihr mit Achtung begegnen, auch wenn sie ihn oder sie nicht leiden können. Sie können distanziert und freundlich sein und einfach akzeptieren, dass man nicht jeden auf dieser Welt lieben muss! Und es muss Sie auch nicht jeder lieben. In Ihrer Firma könnte das so aussehen, dass Sie mit Ihren Kollegen auf einer sachlichen Ebene kommunizieren und private Themen einfach außen vor lassen!

In bestimmten Phasen des Lebens, wenn wir neue Wege eingeschlagen, uns für eine neue Ausbildung oder eine berufliche Veränderung entschieden haben, brauchen wir einen »starken Rücken« und keine »Bremser« und »Schwarzseher«. Stärkung erwarten wir zu Recht von den uns nahe stehenden Menschen wie Familie und Partner. Wenn der eigene Partner oder enge Freunde uns »ausbremsen« und somit die Unterstützung versagen, brauchen wir enorm viel Kraft, um an unserem Entschluss festzuhalten. Denn bei jedem noch so kleinen Rückschlag oder bei jedem Selbstzweifel kommen dann die Unkenrufe: »Siehst du, ich habe es dir ja gesagt!« Anstatt seine Zeit mit Bremsern zu verbringen, diese zu überzeugen und mit Energie zu unterstützen, sollten man sich lieber selbst mentale Stärkung suchen. Alles, womit wir uns umgeben, hat Einfluss auf unser Wohlbefinden. Und warum sollte das bei menschlichen Kontakten anders funktionieren?

Falls Sie beruflich erfolgreich werden oder sich selbst weiterentwickeln wollen, orientieren Sie sich an Menschen, die es bereits sind oder die dort angekommen sind, wo Sie gerne hin wollen. Lesen Sie Biografien, gehen Sie zu Vorträgen. Lassen Sie sich von erfolgreichen Menschen »inspirieren« anstatt von lähmenden Mitmenschen ausbremsen.

Pflegen Sie Beziehungen!

Die ersten Beziehungen in unserem Leben haben wir zu unseren Eltern und unserer Familie. Diese Bindungen sind die stärksten, sie prägen uns und geben uns Kraft. An ihnen kommen wir, selbst wenn wir es wollten, nicht vorbei! Daher sollten wir diese Beziehungen pflegen und wertschätzen. Andere Personen stoßen nach und nach zu uns: Freunde, Bekannte, später Kollegen. Manche werden unsere Freunde, andere kommen in unser Leben und verlassen es nach einer Weile wieder.

Wir können, auch wenn wir es wollten, nicht jeden Kontakt über Jahre hinweg pflegen. Mit Kollegen, die wir tagtäglich sehen, freunden wir uns an. Wenn wir dann den Job verlassen und in anderen geschäftlichen Verbindungen stehen, können wir die meisten der alten kollegialen Beziehungen nicht weiterführen. Dazu reicht unsere Zeit und unsere Energie nicht aus! Neue Menschen bekommen plötzlich Prioritäten in unserem Leben, dafür verlassen uns alte. Das ist der normale Wandel des Lebens. Untersuchungen zeigen, dass die menschliche »Kontaktfähigkeit« bei 150 Personen aufhört. Um dieses

Gleichgewicht aufrecht zu erhalten, ist es deshalb sinnvoll, dass ein Mensch geht, sobald ein neuer in unser Leben tritt. Falls man sich von keinem alten Bekannten lösen will, darf man keine neue Bekanntschaften schließen. Denn das Kommen und Gehen erfolgt meist unkontrolliert, es ist ein schleichender Prozess.

Statt unsere Zeit mit mehr oder weniger unwichtigen Bekannten zu verbringen, sollten wir uns lieber mehr um unsere wahren Freunde kümmern und uns über diese Beziehungen Gedanken machen. Was macht eine wahre Freundschaft für Sie aus? Zweifellos dass man sich zu jeder Zeit auf den anderen verlassen kann und nicht über das, was man hat oder gesellschaftlich ist, definiert wird! Wie stünde es um die Freundschaften, wenn Sie plötzlich nicht mehr gemeinsam Golf spielen würden? Man sollte Freundschaften auch in Phasen pflegen, in denen man wenig Zeit hat. Hier genügt es, ab und an zu telefonieren oder sich zu schreiben. Freundschaften sind auch nicht abhängig von der Häufigkeit der Treffen. Es gibt Freunde, die kann man nach fünf Jahren erst wieder sehen und die Gefühle sind immer noch genauso vorhanden. Meine guten Freunde und Freundinnen machen mir kein schlechtes Gewissen, wenn ich mich mal einige Wochen nicht melde. Sie verstehen, dass ich viel arbeite und sind nicht persönlich beleidigt, wenn ich mich zeitweise zurückziehe. Diejenigen, die meinen Lebensstil nicht verstehen und akzeptieren, sind im Laufe der Zeit bereits »auf der Strecke« geblieben.

Um Platz für die Ihnen wirklich wertvollen Menschen in Ihrer Umgebung zu machen, ist es wichtig, den Freundes- und Bekanntenkreis regelmäßig zu sichten. Dazu brauchen Sie Ihr Adressbuch genauso wie den Speicher Ihres Telefons oder Handys. Ähnlich wie man beim Entrümpeln des Hauses jedem einzelnen Ding entweder einen guten Platz im Haus zuweist oder es in eine der drei Kisten verabschiedet: Nach der 3-Kisten-Methode (siehe Seite 110) können Sie auch Ordnung in Ihre persönliche Umgebung bringen!

Mein Tipp:

Vermeiden Sie in Zukunft gleich im Vorfeld Bekanntschaften mit Personen, die keinen Platz in Ihrer »Schatzkiste« hätten! Seien Sie höflich, aber bestimmt im Umgang. Wer nicht in die Schatzkiste passt, der hat auch Ihre Telefonnummer nicht verdient und mit dem oder derjenigen brauchen Sie sich gar nicht erst zu verabreden! Reine Zeitverschwendung! Also »checken« Sie Personen, die neu in Ihr Leben treten wollen anhand der drei Fragen, die nur Sie selbst beantworten können:

1. Frage: Will oder brauche ich diesen Menschen *wirklich*? (Als Freund, als Kunde, als Partner)

2. Frage: Bereichert er oder sie mein Leben? (Was bringt mir das? Mehr Lebensqualität? Mehr Verpflichtungen? Was kostet mich das? Meine Zeit? Meine Nerven? Telefongebühren?)

3. Frage: Macht er oder sie mich glücklich? Verkompliziert er oder sie mein Leben? Bin ich bereit, dafür Einschränkungen in meinem bisherigen Leben in Kauf zu nehmen? Will ich das auch wirklich und mit allen Konsequenzen? Will ich das Pferd füttern, das der Märchenprinz mitbringt?

Und nicht zuletzt die Zusatzfrage: Ist es mir so wichtig, dass ich dafür bereit bin, auf etwas Altes zu verzichten? Was bin ich dafür bereit, aufzugeben? Denn nur wenn etwas Altes geht, kann auch etwas Neues kommen! Das gilt auch bei Personen!

- Bilanzieren Sie die Personen, die Ihr Leben begleiten.
- Fragen Sie sich bei all Ihren persönlichen Kontakten: Stärkt er/sie oder schwächt er/sie mich? Bereichert er/sie mein Leben?
- Blättern Sie Ihre Adresskarteien, Ihren Telefon- und Handyspeicher durch. Auf wen könnten Sie in Zukunft gut und gerne verzichten?
- Begegnen Sie Ihren Mitmenschen bewusster.
- Es gibt sicher eine Person in Ihrem Leben, die sie vernachlässigt und lange nicht angerufen haben. Tun Sie das heute! Oder schreiben Sie ihr wenigstens eine Karte!
- Schätzen und pflegen Sie diejenigen Menschen, die Ihnen wirklich etwas bedeuten!
- Wer ist hiervon wesentlich in Ihrem Leben? Wer unterstützt Sie und Ihre Ziele wirklich? Machen Sie eine Liste Ihrer persönlichen »VIPs«!
- Haben Sie heute schon einem nahe stehenden Menschen etwas Nettes gesagt? Dass Sie ihn schätzen, mögen, ihn lieben, sich auf ihn freuen, ihn vermissen? Oder haben Sie einfach nur ein kleines Kompliment am Rande platziert? Ihnen fällt sicher etwas ein!
- Lassen Sie sich nicht jedes Gesprächsthema aufdrängen! Worte sind Energie.

- Falls Sie sich ärgern, höchstens fünf Minuten!
- Falls Sie leiden, höchstens zehn Minuten!

4. Schritt:

Weg mit kleinen Gefallen

Tun Sie nur, was Sie wirklich wollen!

»Ich kann doch nicht einfach nein sagen!«

Zweifellos bin ich, genauso wie Sie, ein hilfsbereiter Mensch. Nur schätze ich manchmal die Konsequenz nicht richtig ein, die scheinbar »kleine Gefallen« haben können. Nicht umsonst steckt in dem Wort »Gefallen« das Wort »Falle«. Und diese Fallen lauern überall! Wir tappen gerne in sie rein, weil wir ja in der Tiefe unserer Seele anderen Menschen »gefallen« wollen. So kann aus der kleinen »Gefälligkeit«, rasch einen Möbelprospekt zu besorgen, eine Arbeit von über zwei Stunden werden: Im Internet die Adresse recherchieren, dort anrufen, zuschicken lassen, auspacken, weiterverschicken. Wenn man Pech hat, braucht der andere den Prospekt gar nicht mehr, weil er sich nämlich überlegt hat, dass er sich doch kein neues Sofa kaufen möchte. Hätte ich ihm meine Zeit, wie ich es bei meinen Kunden tue, in Rechnung gestellt, würde er diese wenigstens schätzen. Diese kleinen

Gefallen können sich im Laufe eines Tages schnell zu mehreren Stunden Aufwand summieren.

Vielleicht haben Sie auch manchmal das Gefühl, »überfahren« zu werden? Da fragt eine Freundin: »Hast du morgen Zeit?« und Sie antworten mit einem »Ja » und schon haben Sie den halben Tag deren Kinder am Hals. Erst nachdem Sie in der Falle sitzen, fällt Ihnen auf, dass Sie viel zu langsam reagiert haben. Nun trauen Sie sich nicht mehr, einen Rückzieher zu machen. Ihr einziger freier Tag in dieser Woche ist dahin!

Diese Fallen und ihre Fallensteller lauern überall: »Könntest du mich zum Flugplatz bringen, ... mir beim Umzug helfen, ... mir schnell mal das Rezept raussuchen, ... deine Bohrmaschine leihen?« Instinktiv reagiert man mit Hilfsbereitschaft und lässt sich allzu schnell zu einem »Ja sicher, mach ich gern« hinreißen.

Aber Vorsicht, die kleinen Gefallen können wahre Blockaden sein, die Zeit, Energie und Kosten verursachen. »Könntest du mit dem Auto meine Tasche mitnehmen und sie zur Bahn bringen?« bedeutet im Klartext: Einen Umweg zum Bahnhof machen, Parkplatz suchen, am Schalter anstehen, Parkgebühren zahlen, im Berufsverkehr durch die Stadt und zusammen hat man neben einigen Euro auch noch den halben Tag geopfert. Diese ausufernden Gefallen sind Übungsräume für untrainierte Nein-Sager: »Nein, das schaffe ich leider nicht« kann man erlernen.

Schluss mit den unbezahlten »Freundschaftsdiensten«

Kennen Sie das Vorurteil, dass Rechtsanwälte, Steuerberater und Ärzte viele Freunde haben? Ebenso wie Designerinnen: »Ich brauche einen Schrank, kannst du mir mal schnell einen Entwurf machen?« Oder eine Farbe für das Schlafzimmer suchen, oder mal kurz das Feng Shui machen, oder einen Text schreiben, oder ... die Liste ließe sich fortsetzen und ich könnte aus meinen »Freundschaftsdiensten« gut und gerne eine Vollzeitbeschäftigung machen. Meine Antwort fällt in den meisten Fällen so aus: »Ja, sehr gerne, ist ja schließlich mein Job. Ruf mich morgen im Büro an und wir vereinbaren einen Termin. Ich mach dir dann einen Kostenvoranschlag«. Wie von alleine lösen sich dann die meisten dringenden Aufträge in Luft auf! Umgekehrt erwarte ich ja auch nicht von meinem Freund, dem Anwalt, dass er mich umsonst »mal schnell« vor Gericht vertritt. Gehe ich zu meiner Freundin, die Internistin ist, bringe ich ihr natürlich auch meine Versicherungskarte mit.

Kaufe ich bei meiner Freundin Kleidung ein, so erwarte ich nicht, dass Sie mir diese schenkt.

Keine Frage, dass man seinen Freunden mit Rat und manchmal auch mit Tat zur Seite steht. Bezüglich eines Umbaus kann ich vorab einige (kostenlose!) Tipps geben. Artet es jedoch in Arbeit aus, geht es an die Planung und Durchführung, so rechne ich professionell ab. Und das sollte man schon im Vorfeld klären! Unausgesprochene »Abmachungen« zählen nicht und führen am Ende zu Missverständnissen. Der eine stellt eine Rechnung, der andere glaubte, es sei zum Nulltarif und schon ist die Freundschaft zerbrochen! Wer sich damit schwer tut, sollte sich ganz aus freundschaftlichen »Aufträgen« raushalten und diese Aufträge lieber Fremdfirmen überlassen.

Lernen Sie, nein zu sagen!

Warum kommt das kleine Wort »Nein« im Sprachschatz vieler Menschen (vor allem vieler Frauen!) so gut wie nicht vor? Es gibt Sekretärinnen, die nicht in der Lage sind, am Telefon zu sagen: »Tut mir leid, der Chef ist jetzt nicht zu sprechen«. Vor allem, wenn am anderen Ende der Leitung ein Mann ist. Diesem nicht helfen zu können, »nein« sagen zu müssen, scheint vielen, vor allem den älteren Frauen, fast körperliche Schmerzen zu bereiten! Nein zu sagen kann jeder üben. Beginnen kann man beim Fleischer. »Darf es ein bisschen mehr sein?« Sagen Sie doch einfach mal »Nein«. Einfach nur nein, vielleicht: »Nein, bitte nicht«. Wieso, warum, weshalb geht keinen etwas an, also ersparen Sie sich eine Begründung. Sie müssen sich nicht rechtfertigen. Sie wollen es nicht. Basta. Sie haben das Recht, nein zu sagen. Und siehe da, Sie bekommen tatsächlich nur hundert Gramm Schinken und haben Geld gespart. Die Verkäuferin hat vielleicht komisch geschaut, aber das ist nicht Ihr Problem. Und vom Nein sagen ist noch keinem der Himmel auf den Kopf gefallen.

Wie oft halten uns Freundinnen am Telefon mit ihren endlosen Gesprächen auf. Es ist eine einfache Übung, zu sagen: »Du, hör zu, ich habe jetzt keine Zeit«. Aber wir kriegen das nicht hin, beschweren uns, dass man uns die Zeit stiehlt, dabei lassen wir uns bestehlen!

Ganze Berufsgruppen wie beispielsweise Vertreter und Spendensammler leben davon, dass der Mensch schlecht Nein sagen kann. Ein klares und knappes »Nein, danke«, »ich will nicht« ohne Schnörkel und Begründung wirkt Wunder. Wir sagen ungern Nein, weil wir konditioniert sind, andere nicht vor den Kopf zu stoßen und zu verletzen. Aber was tun sie anderes mit uns? Sie überfahren uns mit ihrer Art. Wir wollen die Vertreter an der Tür nicht vor den Kopf stoßen. Aber wer rettet uns vor ihnen?

Mein Tipp:

Fragen Sie sich bei jeder Aktivität:

- Stärkt oder schwächt sie mich?
- Ist mir das, was ich mache, auch wirklich wichtig?
- Lohnt sich der Aufwand oder vergeude ich meine kostbare Zeit?

- Lassen Sie sich in Ihrem Leben nicht »überfahren« oder von Rasern von hinten bedrängen! Das Leben ist keine Autobahn!
- Schalten Sie einen Gang zurück und treten Sie auf die Bremsen, ehe Sie in die falsche Richtung unterwegs sind!
- Wie viele kleine Gefallen verträgt Ihre Zeit? Beschränken Sie Ihren Vorrat pro Woche.
- Tun Sie das, was Sie tun, von Herzen oder gar nicht!
- Tappen Sie nicht in alle (Ge-)Fallen! Sie können nicht jedem »gefallen«!
- Das Zauberwort heißt »Nein«. Punkt. Ohne Rechtfertigung!

5. Schritt:

Weg mit den Gewissensbissen

Stehen Sie zu sich selbst!

*»Eigentlich sollte ...,
müsste ich dringend mal wieder ...«*

Unser so genanntes schlechtes Gewissen ist ein Gefühl, bei dem wir glauben, dass es von außen an uns herangetragen wird. Eine Freundin erzählte mir: »Meine Mutter macht mir immer ein schlechtes Gewissen, wenn ich sie besuche«. Wie gelingt ihr das? Sagt sie: »Kind, ich mache dir jetzt ein schlechtes Gewissen?« Sicherlich nicht. Das schlechte Gewissen meiner Freundin entsteht aus der Annahme, die Mutter würde beispielsweise erwarten, dass sie ihr bei der Vorbereitung ihres Geburtstages hilft. Aber wie kann sie sich da so sicher sein? Ist das nicht reine Spekulation? Tatsache ist, dass sie keine Zeit hatte, ihrer Mutter bei den Vorbereitungen zu helfen, und daher fühlt sie sich schlecht. Dieses diffuse »schlechte« Gefühl beschreiben wir als »schlechtes Gewissen«. Es entsteht in uns und nicht irgendwo außerhalb von uns. Es ist ein Ergebnis unserer

Gedanken oder auch Einbildung! Wenn wir uns diese Zusammenhänge deutlich machen, können wir die Verantwortung für unser schlechtes Gewissen übernehmen und uns entscheiden, ob wir es haben wollen oder es enttarnen und gar nicht erst annehmen.

Gewissen als moralische Instanz

Das schlechte Gewissen entsteht aufgrund äußerer oder innerer Wertvorstellungen dann, wenn wir gegen diese handeln. Eigentlich ist es eine moralische Instanz, die uns davon abhalten sollte, unmoralisch zu handeln. Die Definition ist dabei abhängig vom jeweiligen Wertesystem. Der eine hat Schuldgefühle, weil er faulenzt (durch Erziehung), weil er sündige Gedanken hat (Kirche), weil er zu viel isst (Zeitschrift), seine Kinder vernachlässigt (Ehefrau). Wer aus Überzeugung Vegetarier ist und gegen seine Werte handelt, indem er Fleisch isst, spürt sein schlechtes Gewissen als moralische Instanz! Dieses Gefühl ist individuell und gesellschaftlich als natürliche Bremse gegen unmoralisches Handeln (was immer der Einzelne oder die Gesellschaft darunter verstehen!) für das Zusammenleben mit anderen wichtig.

Wir machen uns Sorgen darüber, ob wir dem anderen gerecht werden, ob der andere uns noch liebt.

Wir haben ein schlechtes Gewissen, wenn wir die scheinbaren Erwartungen anderer nicht erfüllen. »Ich müsste meine Freundin mal wieder anrufen, sie ist bestimmt schon sauer auf mich«. Weil ich genau weiß, dass sie verärgert reagieren wird, verschiebe ich den Anruf. Sie wird mich fragen: »Warum hast du nicht angerufen?«, und ich werde diese Frage als Vorwurf interpretieren. Und Vorwürfe erzeugen dann wiederum Schuldgefühle. Ich fühle mich abgelehnt und nicht geliebt. Ich kann die Frage aber auch als solche sehen, sie beantworten mit: »Mir war nicht danach, mit dir zu telefonieren«, und mein schlechtes Gewissen bewusst nicht aufkommen lassen. Ich habe ja nichts Schlechtes gemacht, sondern lediglich das getan, wozu ich Lust hatte und nicht ihren Erwartungen entsprochen.

Wenn ich zu meinen Handlungen stehe, bin ich stark und lasse mich nicht von einem selbst gemachten schlechten Gewissen schwächen.

Stehen Sie zu sich!

Schuldgefühle entstehen auch aufgrund des eigenen Anspruchs, ein guter Mensch sein zu müssen und es allen recht zu machen. Mit diesen Gefühlen verdienen ganze Wirtschaftszweige ihr Geld. Wir sind schlechte Mütter, wenn wir nicht mit Weichspüler waschen, schlechte Ehefrauen, wenn wir keinen italienischen Kaffee kochen, schlechte Mitmenschen, wenn wir der Stiftung zur Rettung einheimischer Fledermäuse nichts spenden.

Die meisten Schuldgefühle produzieren wir selbst, weil wir unbewusst der Auffassung sind, die anderen würden bestimmte Anforderungen an uns stellen. Aber da wir selbst die Verursacher dieser Gefühle sind, können nur wir sie beseitigen: »Ich müsste mehr Verständnis für meine Kinder haben …, geduldiger mit meinem Chef sein …, netter zu meinen Nachbarn …, besser in der Schule …«. Wer von uns kennt sie nicht, die Selbstvorwürfe, die wie eine gesprungene Schallplatte in unserem Kopf ablaufen. Aber es ist nun mal eine Tatsache, dass der Mensch gut und böse, nett und unfreundlich, geduldig und zickig zugleich ist. Wie es Tag und Nacht gibt und wir nicht nur die eine Seite der Medaille haben können, wie wir Sommer und Winter akzeptieren müssen, so sollten wir die Polarität in uns endlich annehmen. Wenn wir immer nur »gut« sein wollen, erzeugen wir einen inneren Druck, dem wir auf Dauer nicht standhalten können!

Wünschen Sie nicht manchmal einem anderen die Pest an den Hals? Könnten Sie nicht ab und zu jemandem vors Schienbein treten? Falls nein, sind Sie vielleicht schon erleuchtet oder Sie leben nur halb. Diese einseitig »guten« Menschen, die ihre negativen Seiten nicht leben, treffen merkwürdigerweise im Leben auf streitsüchtige Nachbarn, aggressive Partner oder hinterhältige Kollegen.

Mein Tipp:

Fangen Sie an, Ihr schlechtes Gewissen zu entrümpeln, indem Sie mit dem Papier beginnen. Nehmen Sie dazu folgendes Beispiel: Fast jeder von uns hat zu Hause einen ungelesenen Stapel Zeitschriften herumliegen. »Du hättest uns längst mal lesen sollen«, scheinen sie zu sagen und sind wie ein zu Papier gewordenes schlechtes Gewissen. Wir nehmen uns vor, den Stapel im nächsten Urlaub, am nächsten verregneten Wochenende durchzusehen. Solange wächst er, jede Woche kommt ja eine neue Zeitschrift hinzu. Die noch nicht gelesenen, alten, verbieten es uns aber, die neuen zu lesen. Also weg mit den alten! Werfen Sie sie ungelesen weg! Nur so hat die aktuelle Zeitschrift überhaupt eine Chance, gelesen zu werden. Und falls der Stapel wieder ungelesen wächst, sollten Sie sich ernsthaft darüber Gedanken machen, ob Sie das Abo nicht kündigen sollten!

- Wer oder was macht Ihnen scheinbar ein schlechtes Gewissen? Und wodurch? Denken Sie daran, dass das schlechte Gewissen in Ihnen entsteht, Sie selbst erzeugen es!
- Enttarnen Sie Ihr schlechtes Gewissen! Überprüfen Sie es mit der Realität.
- Sie allein sind der Produzent Ihres eigenen schlechten Gewissens, also haben Sie auch die Macht, es wieder abzuschaffen!
- Bekennen Sie sich offen zu Ihrem schlechten Gewissen, das nimmt den anderen den Wind aus den Segeln!
- Anstatt scheinbar die Erwartungen anderer zu erfüllen, fragen Sie sich: Was will ich wirklich? Was tut mir gut?

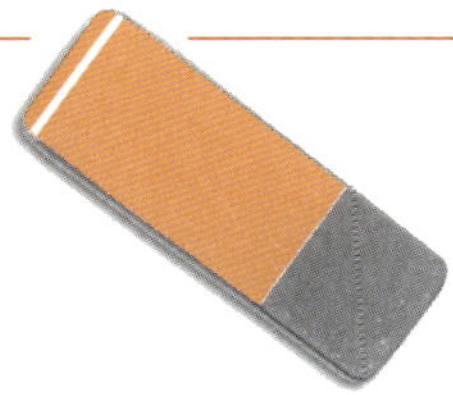

6. Schritt:

Weg mit Selbst-unterschätzung

Stehen Sie zu Ihren Stärken!

»Das kann ich nicht, das schaff ich nicht ...«

Die eigene Über- und Unterschätzung sind nur zwei Seiten ein und derselben Münze, die den Namen »falsche Selbsteinschätzung« trägt. Diejenigen, die sich überschätzen, schweben über den Dingen, diejenigen, die sich unterschätzen, kommen aus ihrem Keller schon gar nicht mehr heraus. Dass jeder, aber auch jeder von uns schon etwas geleistet hat, zeigt das bisherige Leben. Es ist nicht die fehlende »Leistung«, die hier blockiert, sondern die eigene Sichtweise, die diese Leistung gar nicht als solche erkennt.

Gehen Sie in sich: Wie müssten sich die anderen verändern, damit es Ihnen besser geht? Ihre Partnerin oder Ihr Partner sollte sich mehr um Sie kümmern, die Schwiegermutter weniger nörgeln. Ist das machbar? Kaum! Das ist eine Illusion! Also suchen Sie nach Möglichkeiten, wie Sie sich selbst zufriedener machen können! Was wollen Sie? Dass es den anderen besser geht? Ihrer Familie wird es gut gehen, wenn es Ihnen gut geht und wenn Ihre schlechte Laune endlich aufhört! Sorgen Sie sich weniger um andere, sondern kümmern Sie sich zur Abwechslung mal um sich selbst! Gerade Mütter haben hier immer gute Ausreden. Ihr schlechtes Gewissen scheint allgegenwärtig zu sein. Wenn sie jedoch ihre eigenen Bedürfnisse formulieren sollen, sind sie oft überfordert.

Seien Sie nett zu sich!

Wenn Sie sich mehr um die Bedürfnisse anderer kümmern als um Ihre eigenen, schaffen Sie die Grundlage für Unzufriedenheit. Sie bremsen sich selbst aus. Wenn Sie gut mit sich selbst umgehen, Ihre Grenzen definieren und die Fähigkeit erlangen, Nein zu sagen, dann können Sie sich auch wieder mit ganzem Herzen um andere kümmern. Ansonsten schaffen Sie ein emotionales Defizit und fühlen sich von den anderen ausgenommen. Dabei nehmen Sie sich nur selbst aus! Unzufriedenheit ist destruktiv. Sollten Sie es alleine nicht schaffen, so suchen Sie sich Hilfe von außen! Unzufriedenheit isoliert langfristig! Wer will sich denn schon mit einem Miesepeter verabreden? Drum raus aus der Isolation, gehen Sie auf Menschen zu! So tun Sie etwas für sich und für Ihre Seele!

Seien Sie nett zu sich selbst! Der erste Mensch, der Sie persönlich stärken kann, sind Sie selbst! Sie können am meisten für sich tun, sich gesund ernähren, harmonisch einrichten, schöne Aktivitäten pflegen und all das unternehmen, was Ihnen persönlich gut tut. Kurz: Ihre eigene Wertschätzung ist die Grundlage Ihres Glücks. Schon in der Bibel steht: »Liebe deinen Nächsten wie dich selbst«. Also wie kann man seinen Partner lieben, wenn man sich nicht zunächst selbst liebt? Wie kann man Wertschätzung von seiner Umgebung erwarten, wenn man sich selbst nicht wertschätzt? Kleidung beispielsweise sagt viel über die eigene Wertschätzung aus und transportiert das nach außen. Wenn ich schlampig daherkomme, mir selbst nichts wert bin, wie will ich dann von anderen Wertschätzung erfahren? Stärken Sie sich selbst! Dann besitzen Sie die Kraft, andere Menschen zu stärken. Wenn es Ihnen gut geht, geht es auch Ihrer Familie gut!

Weg mit störenden Verhaltensmustern!

Aber nicht nur die Probleme der anderen belasten uns. Oft sind unsere eigenen Vorstellungen und Muster die wahren »Blockaden« für unsere persönliche Entwicklung. Wir bremsen uns selbst aus mit Mustern wie »Das kann ich nicht« oder »Das gehört sich nicht«. Die Überzeugung »Wenn man aus dem Haus geht, muss die Wohnung aufgeräumt sein« führt zu Putzstress, da man ansonsten unter Schuldgefühlen leidet. Wer dieses Muster nicht sein eigen nennt, dem ist dieses Schuldgefühl absolut unbekannt. Der hat vielleicht das Muster verinnerlicht: »Das tut man nicht!« oder »was würden denn die Leute sagen?« In beiden Fällen weiß man eigentlich gar nicht so genau, was man nicht tun soll, beziehungsweise wer festlegt, was man nicht tut. Noch diffuser ist die Frage, was Fremde dazu sagen würden. Obwohl man diese nicht kennt, will man es ihnen »recht« machen«. Dahinter steckt in beiden Fällen die Erfahrung, die meist zurück in die Kindheit reicht: »Wenn ich das mache, was die anderen von mir erwarten, bekomme ich Lob, Anerkennung und somit Liebe«. Wer erfahren hat, dass er Zuwendung nur bei Krankheit erhält, wird diese entsprechend suchen.

Das Muster »Ohne Leid geht es nicht« sucht immer wieder nach einer Bestätigung dieser Überzeugung. Und wer Ablehnung und Verletzungen sucht, der wird ganz sicher fündig. Das Muster, nicht glücklich sein zu dürfen, führt dazu, dass man unbewusst nach etwas Ausschau hält, was einen unglücklich sein lässt. Und im Leben findet dieser Typus immer etwas zu meckern, damit es ihm bloß nicht allzu gut gehen kann! Wer mit dem Spruch »Eigenlob stinkt« groß geworden ist, tendiert auch später dazu, die eigene Arbeit und den eigenen Wert gering zu schätzen. In der Folge kann das dazu führen, dass man sich »unter Wert« verkauft. Für den »Käufer« kann es derart peinlich werden, dass er die Leistung nicht weiter in Anspruch nehmen will.

Starre gesellschaftlichen Muster wie beispielsweise immer nett und höflich zu sein, auch wenn einem die Hutschnur platzt, können auf Dauer gesundheitsschädlich sein. Nicht zu widersprechen, auch wenn einem danach ist, verursacht Magengeschwüre. Sich zu entschuldigen, wenn man von anderen angerempelt wird, ist ebenso ein altes Muster, das keinerlei Sinn ergibt! Außer dass man sich mal wieder über sich selbst ärgert.

Seltsame Verhaltensmuster kann man auch in anderen Kulturen entdecken. In Japan gilt es als ausgesprochen unhöflich, ein klares Nein zu äußern. Eine Ablehnung wird undeutlich umschrieben und nicht klar ausgesprochen. Deutsche Verhandlungspartner haben im Umgang damit natürlich ein Problem, wodurch Missverständnisse vorprogrammiert sind. Da es utopisch ist, den japanischen Verhaltenskodex zu ändern, bleibt hier also nur die Möglichkeit, eine entsprechende Umgangsweise zu erlernen. Denn gegenüber den Glaubenssätzen anderer sind wir machtlos! Sie verändern zu wollen, bedeutet lange Kämpfe unter Einsatz von unendlicher Energie mit wenig Aussicht auf Erfolg.

Lösen Sie Muster auf und gestalten Sie Ihre Haltung!

Ein weit verbreitetes weibliches Muster ist das »Ich werde nur geliebt, wenn ich es allen recht mache«. Stellen Sie sich jetzt vor, was sich in Ihrem Leben verändern würde, wenn Sie sich nicht mehr nach diesem Muster verhielten! Sie würden anderen die Meinung sagen! Endlich Ihre Wut zeigen! Sie hätten keine Angst mehr, verlassen zu werden, und könnten ein klares Nein äußern!

Schreiben Sie sich die Vorteile auf, und visualisieren Sie bestimmte Ihnen bekannte Situationen, in denen Sie ab sofort anders reagieren wollen.

Schon alleine durch das Aufschreiben und Ihre Vorstellung wird sich etwas verändern. Und wenn es nur ein winzig kleiner Schritt in eine andere Richtung ist! Beobachten Sie sich und Ihre ganz persönlichen »Strickmuster«. Die der anderen sind Ihnen sowieso bekannt, aber diese können Sie nicht umstricken! Im Prinzip kann jeder Mensch sein Leben jederzeit neu gestalten, wenn er sich dazu entschließt. Sie können Ihren Job morgen kündigen und übermorgen auswandern. Wenn Sie das wirklich wollen, wird sich ein Weg finden. Der einzige Haken daran ist, nur Sie alleine können es tun! Ebenso können Sie von heute auf Morgen Ihre Haltung verändern und die daraus entstehenden Konsequenzen tragen. »Ich würde schon gerne, aber meine Mitarbeiter werden sich wundern, wenn ich plötzlich das und das verändere ...« . Woher wollen Sie wissen, wie wer reagiert? Vielleicht kommt diese Veränderung auch anderen sehr gelegen? Oft sind »die anderen« nur eine Entschuldigung für die eigene fehlende Initiative. »Meine Mutter wäre sauer, wenn ich in eine andere Stadt ziehen würde!« Sind Sie sich da so sicher? Das ist reine Spekulation! Vielleicht würde sie sich ja freuen! Also weg mit den alten Mustern!

Weg mit den alten Programmen!

Innere und äußere Regeln, übernommene Werte bestimmen das Leben. Moralvorstellungen entscheiden darüber, was gut und böse ist, was eine Frau tun und was sie lassen soll, wie der ideale Vater auszusehen hat. Eine Vielzahl an »Programmen« haben wir verinnerlicht und oft, ohne nachzudenken, zu unseren eigenen Überzeugungen gemacht. Diese wiederum können aus alten, vererbten Mustern stammen. Aus dem Muster »man kann anderen nicht trauen« entsteht die Überzeugung, alles allein machen zu müssen. Und von da aus ist es nur noch ein Katzensprung zu der Überzeugung »Mir hilft ja doch keiner«. Wenn ich davon felsenfest überzeugt bin, frage ich natürlich auch niemanden und somit hilft mir auch keiner. Damit fühle ich mich in meinem alten Muster bestätigt. Ganz schnell führt dies zu dem Gefühl, Opfer der Umstände oder der anderen zu sein.

Die Überzeugung verselbstständigt sich, erzeugt im Gehirn neue Bilder und plötzlich werden aus den Mitmenschen Feinde, die einem nicht helfen wollen. Negative Überzeugungen wirken wie »selbst erfüllende Prophezeiungen«. Sie ziehen genau das an, was man eigentlich los sein will! Sie binden nicht nur energetisch, sondern lähmen psychisch und physisch.

Überprüfen Sie Ihre Überzeugungen!

Nicht aus realen Erfahrungen, sondern aus der eigenen Einbildung rekrutieren wir »Vorurteile«, mit denen wir Situationen und Personen beurteilen. Ob eine Überzeugung der Wirklichkeit standhält, muss immer wieder überprüft werden. Ansonsten blockiert man sich in seinen Erfahrungen selbst. »Ich kann mir schon vorstellen, wie es auf diesem Fest zugeht« hindert uns daran, die Erfahrung selbst zu machen. Damit vermeidet man zwar eine möglicherweise schlechte Erfahrung, aber genauso eine neue und gute. Wir »behindern« uns somit selbst, indem wir uns von einem Teil des Lebens ausschließen. Wie würden Sie sich ohne Ihre blockierenden Überzeugungen fühlen? Was würde Sie dann plötzlich tun können? Wie würden Sie sich fühlen, falls Ihnen wirklich jemand helfen würde? Durch die Vorstellung werden Sie merken, ob Sie das überhaupt brauchen. Jemand hilft mir bei der Hausarbeit, dadurch habe ich mehr Zeit. Was fange ich mit der neu gewonnenen Zeit an? Habe ich dadurch ein neues Problem und sollte deshalb besser an meiner alten Überzeugung festhalten? Würde ich aber von einer Veränderung profitieren, dann sollte man die Blockade »Überzeugung« entsorgen und sich auf die neue Erfahrung freuen!

Legen Sie Ihren inneren Schweinehund an die Leine!

Auf dem Schreibtisch stapelt sich unerledigte Post, in der Nähmaschine liegen angefangene Kleidungsstücke, unfertige Puzzles liegen seit Wochen auf dem Tisch. Bevor wir dieses Unerledigte nicht vom Tisch haben, sind wir nicht frei für Neues. Wir sind blockiert. Unsere Kreativität ist lahm gelegt, da unsere Energie gebunden ist. Sollten Sie die Aufgabe nicht delegieren können oder anderweitig loswerden, so führt kein, aber auch überhaupt kein Weg daran vorbei, dass Sie selbst aktiv werden! Sie müssen Ihre Finanzen regeln, die Briefe schreiben und den Entwurf abgeben. Wenn sich dann der Druck bis ins Unendliche steigert, gelangen Sie irgendwann an den Punkt, an dem die Sache in Angriff genommen wird. Dann ist keine Zeit mehr, mit dem eigenen »inneren Schweinehund« zu diskutieren, sondern Sie müssen handeln. Und siehe da – die zuerst schier unüberwindlich erscheinende Angelegenheit erweist sich mal wieder als vollkommen harmlos. Jedenfalls ist das in den meisten Fällen so. Hierbei hilft die richtige zeitliche Einschätzung der Arbeit. Brauche ich dafür eine Stunde oder zwei oder vielleicht nur zehn Minuten? Dann räumen Sie Ihren Schreibtisch auf, legen Sie die Unterlagen bereit, und widmen sich einer halben Stunde dieser Tätigkeit. Danach dürfen Sie aufstehen, sich einen Kaffee kochen oder eine Zigarette rauchen. Dann geht es weiter, immer in diesen kleinen zeitlichen Etappen. Wenn Sie es nach einigen Stunden geschafft haben (wetten, dass es schneller geht als erwartet?), dürfen Sie sich belohnen. Ein Eis? Ein Mittagsschlaf? Was auch immer Sie persönlich erfreut! Ich ködere und überliste mich selbst damit, dass ich mir ein freies Wochenende genehmige, sollte ich schon vor meinem Abgabetermin fertig sein. Falls ich im Vorfeld trödle, habe ich als Puffer das Wochenende zum Arbeiten, falls ich gut und schnell fertig bin, kann ich mich am Wochenende amüsieren!

Fangen Sie die kleinen Monster ein!

Ich selbst kenne dieses Gefühl nur zu gut. Die inneren Selbstzweifel, die einem zuflüstern: »Das kannst du nicht« nenne ich »die kleinen Monster«. Ich stelle mir kleine Monster vor, die es sich auf meiner Schulter gemütlich machen, sich mit ihren kleinen Krallen an mir festklammern und mir, während ich am Schreibtisch sitze, ins Ohr flüstern: »Du kannst doch überhaupt nicht schreiben, das liest sich peinlich und unbeholfen ...« »Du kannst überhaupt nicht zeichnen, was soll denn das Gekrakel?« Bei meinem ersten Buch waren diese Selbstzweifel ganz besonders groß, und so habe ich mir eine Technik ausgedacht, mit der ich die Monster einfangen konnte: Ich nahm zwei kleine Plastik-Monster (es gibt sie im Spielwarenladen zu kaufen) und packte beide in eine kleine Schachtel. Diese verschnürte ich mit dicken Knoten und stellte diese Schachtel sichtbar vor mich neben meinen PC. Jedes Mal, wenn sich diese kleinen Monster wieder regten, wusste und sah ich, dass sie eingesperrt sind und nichts mehr zu melden haben. Diese Schachtel stand ein gutes Jahr lang auf meinem Schreibtisch und ich brauche sie schon lange nicht mehr!

Mein Tipp:

Vergegenwärtigen Sie sich, was für »Reichtümer« Sie in sich tragen. Holen Sie sich einen Stapel Papier und einen Stift. Schreiben Sie auf *je einen* Zettel *eine* Ihrer Fähigkeiten oder Kenntnisse. Beginnen Sie jeden Zettel mit: »Ich kann ...« (»Ich kann gut kochen«; »Ich kann gut verhandeln«; »Ich kann gut mit Geld umgehen«; »Ich beherrsche fünf Sprachen« etc.).
Legen Sie die Zettel in einen Korb und genießen Sie den Anblick! Das ist Ihr ganz persönlicher Reichtum, der Schatz Ihrer Fähigkeiten. Ergänzen Sie diese Zettelsammlung immer wieder durch eine neue Fähigkeit, die Ihnen einfällt. Fühlen Sie sich dann mal wieder unfähig und ohne Kenntnisse, sollten Sie zu Ihrem Korb greifen und nachlesen.
Als Zweites formulieren Sie ein konkretes Ziel (»Ich will Italienisch lernen«) oder eine Vision (»Ich will auswandern«). Wie sieht der erste praktische Schritt in diese Richtung aus? Gehen Sie ihn innerhalb der nächsten drei Tage durch!

- Hinterfragen Sie Ihre Handlungsweise. Wer sagt denn, dass man etwas so und nicht anders macht?
- Stärken Sie Ihren Selbstwert! Wer soll Sie lieben, wenn Sie selbst dazu nicht in der Lage sind?
- Machen Sie sich nicht selbst klein! Wie sollen andere Sie schätzen, wenn Sie sich selbst nicht schätzen?
- Was plappern Ihnen Ihre kleinen, blockierenden Monster zu? Was können Sie nicht? Was schaffen Sie nie?
- Sperren Sie die kleinen Monster ein! Oder schreiben Sie das Geplapper auf einen Zettel und verbrennen Sie diesen.

7. Schritt:

Weg mit den Selbstblockaden

Räumen Sie die Steine aus Ihrem Weg!

»Wenn meine Eltern .... mein Chef .... anders gehandelt hätten ...«

Wenn die anderen nicht wären, ginge es uns doch scheinbar so viel besser! Wenn der Ehemann nicht ständig Ansprüche stellen würde, die Mutter nicht ständig kränkelte, die Kinder nicht unsere volle Aufmerksamkeit in Beschlag nehmen würden, ja was würden wir da alles tun können! »Ich würde ja gerne wieder studieren, habe aber drei Kinder zu versorgen!« »Wenn mein Chef nicht gegen mich wäre, hätte ich schon längst Karriere gemacht!« »Wenn ich nicht schwanger geworden wäre, hätte ich jetzt einen Hochschulabschluss«. Wir suchen die Gründe, etwas nicht zu tun oder machen zu müssen, meistens im Außen, aber sie liegen in uns selbst! Wer sonst außer wir selbst ist denn verantwortlich für das eigene Leben?

Was für die einen Hindernisse sind, sind für die anderen Herausforderungen: Also machen Sie sich keine Sorgen! Denn was Sie wirklich und von ganzem Herzen erreichen wollen, das wird Ihnen auch gelingen! Die Steine legen wir uns selbst in den Weg! Wer sabotiert uns denn? Wer hält uns fest? Keiner, außer wir selbst! Wir lassen uns die Steine in den Weg legen und legen noch größere Brocken dazu! In dem Moment, in dem wir das begriffen haben, können wir aktiv die eigene Verantwortung für unser Fortkommen übernehmen. Es bringt uns keinen, aber auch keinen Schritt weiter, anderen die Verantwortung für die eigene Stagnation in die Schuhe zu schieben. In dem Moment, in dem wir handeln und jeder seine eigenen Fehler macht, ist jeder auch frei, das zu tun, was er will. Wir brauchen dann keine Schuldigen mehr zu suchen, die uns zu armen Opfern machen! Und wir sind auch nicht länger das arme Opfer der Umstände, unserer schlimmen Kindheit, des schlechten Schulsystems, des ungerechten Chefs. Aus dieser inneren Haltung heraus entsteht die Möglichkeit, dass wir unser Leben jederzeit selbst verändern können!

Erkennen Sie Ihre Blockaden und entfernen Sie diese aus Ihrem Leben! Stellen Sie sich zwischendurch immer wieder folgende Fragen: Wer oder was blockiert mich? Blockiere ich mich vielleicht selbst? Wie kann ich mich stärken? Wer oder was kann mich bei meinen Vorhaben unterstützen?

Übernehmen Sie Eigenverantwortung!

Jeder hat seine Version von den scheinbar »widrigen Umständen«, die einen vom eigenen Lebenskonzept abgebracht haben. Irgendwann stellt man dann fest, dass man sich wie Rotkäppchen im Wald verlaufen hat! Das eigene Leben ist nicht immer ein Sonntagsspaziergang, sondern eher ein Ritt durch die Wüste. Manch einer zieht es vor, anderen zu folgen und sich von ihnen Weisungen erteilen zu lassen. Unselbstständig und abhängig zu sein hat nicht nur Nachteile. Ebenso wie bei einer Krankheit, durch die manch einer Zuwendung erfährt, bekommt man Hilfe und Unterstützung. »Ach ja, die Arme, hat ja keinen Führerschein!« Also findet sich mal wieder jemand, der sie fährt. Ein eigenverantwortliches Leben zu führen bedeutet, sich um sich selbst zu kümmern und seine eigenen Bedürfnisse ernst zu nehmen. Dann sind wir uns selbst etwas schuldig und sollten daher auf uns achten, gut zu uns selbst sein, unser Selbstbewusstsein aufbauen und alles vermeiden, was uns in dieser Richtung blockiert!

Eigenverantwortung befreit! Denn wir können alles, wirklich alles machen, wenn wir bereit sind, dafür die Verantwortung zu übernehmen. Ich kann meinen Partner belügen, wenn ich bereit bin, die Konsequenzen zu tragen. Und die könnten sein, dass er mich verlässt. Und ich darf mich dann wirklich nicht beschweren! Verantwortung für das eigene Handeln zu übernehmen heißt zu wissen, was man will. Oder zunächst mal, was man nicht will. Ein offen ausgesprochenes: »Das will ich so nicht« ist der erste Schritt zur Klarheit. Das Gegenüber weiß dann genau, woran es ist. Das was man tut, gerne zu tun, und alles andere nach und nach aus dem Leben zu verbannen, wäre mit einer der ersten Schritte in Richtung Glück.

Schaffen Sie Klarheit!

Verantwortung zu tragen heißt auch, das eigene Leben aufzuräumen. Das herumstehende Gerümpel hat keinen Platz und das innere Gerümpel sollte ebenso wenig Raum in Ihrem Leben haben. Bei einem »aufgeräumten« Innenleben« ist jedes Ding und jede Person an seinem beziehungsweise ihrem Platz. Gehen Sie in Gedanken die Plätze der Menschen durch, die Teil Ihres Innenlebens sind: Steht dort jeder, wo er sein sollte, oder geistert einer hin und her, stört, hat eigentlich keinen »Platz«? Dann räumen Sie auf! Eine innere Klarheit, eine Linie kommt auch den Menschen zugute, mit denen man täglich zu tun hat. Diese im »Unklaren« zu lassen, kann nicht zu einer erfolgreichen Beziehung führen. Auch hierbei ist Klarheit die erste Voraussetzung für

Erfolg. Und was Erfolg für Sie ganz persönlich bedeutet, bestimmen Sie selbst! Wie auch immer er sich für Sie gestalten soll: Klarheit im Sinne von Klärung Ihrer eigenen Ziele und Absichten ist hierbei unumgänglich!

Schluss mit dem Gejammer!

Fragen Sie mal einen Kollegen, was ihn an seinem Job stört. Sicherlich nennt er Ihnen Dutzende von Gründen: Der Weg zur Firma ist zu weit, die Kantine liefert schlechtes Essen, der Chef ist inkompetent, die Arbeitszimmer sind viel zu hell, die Kunden sind unfreundlich und so weiter. Es ist schick zu jammern und an allem und jedem etwas auszusetzen! Im Ausland wird diese Mentalität als typisch deutsch gehandelt. Im Geschäftsleben wird sie zur Blockade: Denn wer nicht jammert, wird offensichtlich nicht ernst genommen! Wer am Arbeitsplatz glücklich wirkt, scheint mit dem Status Quo zufrieden und ist somit unmotiviert! Lachen am Arbeitsplatz wird mit Misstrauen beäugt: »Sie müssten ja eigentlich noch Vergnügungssteuer dafür bezahlen, dass Sie hier arbeiten dürfen!« Anscheinend darf Arbeit keinen Spaß machen. Wer Spaß daran hat, ist nicht ernsthaft, und wer zu locker ist, kann auch nichts leisten. Wer nicht über seinen Chef, seine Arbeit, seine Kollegen jammert, scheint etwas falsch zu machen! Man muss sich schon richtig »abrackern«, um dazuzugehören. Wer das scheinbar mit Charme und Leichtigkeit erreicht, macht sich, zumindest in unseren Breiten, unbeliebt! Jammern macht unglücklich und lässt einen alt aussehen. Sie sollten deshalb gut daran tun, sich von den kollektiven Jammerlappen fern zu halten! Kultivieren Sie Ihren Humor und stärken Sie sich mit einem Lächeln auf den Lippen. Es gibt sicher noch den ein oder anderen in Ihrer Umgebung, der Ihre Einstellung teilt. Suchen Sie sich lieber Kollegen, die Sie stärken, und vermeiden Sie solche, die Sie nur »runterziehen«. Vorsicht: Jammern ist extrem ansteckend und bringt rein gar nichts!

Mein Tipp:

Stellen Sie sich zwischendurch immer wieder folgende Fragen:

- Wer oder was blockiert mich?
- Wann blockiere ich mich mal wieder selbst?
- Wie kann ich die Blockade lösen und mich selbst stärken?

- Wer oder was kann mich bei meinen Vorhaben unterstützen?
- Denken Sie daran, Sie sind für sich selbst verantwortlich! Sie können so gut wie alles erreichen, wenn Sie es wirklich wollen. Wer könnte Sie dann noch bremsen?
- Tun Sie heute etwas für Ihr körperliches, geistiges und seelisches Wohl!
- Weg mit dem, was Ihnen schon längst keinen Spaß mehr macht!
- Tun Sie doch mal etwas »Sinnloses«!
- Genießen Sie täglich die kleinen Momente des Lebens.
- Beteiligen Sie sich nicht am kollektiven Gejammer! Das wirkt sich für alle destruktiv aus! Ebenso wie der tägliche Klatsch und Tratsch, der wie ein Bumerang zurückkommt!
- Äußere Klarheit zieht innere Klarheit nach sich. Entrümpeln Sie Ihr Haus, dann entrümpelt sich auch Ihr Leben!

8. Schritt:

Weg mit den lähmenden Sorgen

Befreien Sie sich von unbegründeten Ängsten!

»Wenn bloß nichts schief geht ...«

Jeder Mensch kennt Angst. Angefangen bei der Angst vor Krabbeltieren über Flugangst bis hin zu der Angst, den Arbeitsplatz oder einen geliebten Menschen zu verlieren. Angst ist eine gesteigerte Form von Sorgen. Während sich Sorgen in unserer Gedankenwelt abspielen, erleben wir Angst oft gekoppelt an körperliche Empfindungen wie Gänsehaut im Rücken, erhöhter Pulsschlag oder Atemnot.

Ängste sind in der Natur durchaus sinnvoll, sie sind Teil unseres biologischen »Programms«, denn sie schützen uns vor realen Gefahren und verhelfen zur Flucht. Im Zustand der Angst schüttet der Körper Adrenalin aus und dieser körpereigene Stoff signalisiert »nichts wie weg!« Und so entkommen wir den wilden Tieren, die uns töten könnten oder dem Gewitter, das uns im Freien ebenfalls gefährlich werden kann. Durch die Bewegung, indem wir wegrennen, wird das Adrenalin im menschlichen Körper wieder abgebaut. Aber wovor fliehen wir in unserer heutigen Realität? Vor Problemen, die uns Angst bereiten, vor der Angst zu versagen oder der Angst erfolgreich zu sein.

Angst hat somit etwas ungemein Belebendes: Man zittert, schwitzt, der Puls rast, man bewegt sich zwischen Albtraum und »Kick«! Die Mutigen durchleben die Angst bewusst, indem sie sich in Gefahren begeben, mit Fallschirm aus dem Flieger springen, mit der Achterbahn fahren. Diese Spezies genießt den Zustand, ist vielleicht sogar süchtig danach.

Konkrete Ängste können auf eigenen Erfahrungen basieren. So steigt die Angst vor Hunden, wenn man als Kind gebissen wurde. Andere jedoch, die Angst vor Hunden haben, haben bisher keine negativen Erfahrung gemacht und fürchten sich dennoch.

Angst kann aber auch zu einer unserer größten Bremsen werden! Wir fürchten uns mehr oder weniger vor allem Unbekannten, allem Ungewohnten und auch dem Ungewissen. Instinktiv halten wir lieber am Gewohnten fest und scheuen uns vor neuen Erfahrungen. Der alte Job kann nervtötend sein, aber ein neuer bedeutet zunächst Unsicherheit. Im Extremfall trennt sich ein Mensch nicht von seinem Partner, der ihn misshandelt, weil ihm diese Situation vertraut ist. Für manche Menschen birgt alles Neue Gefahren und sie vermeiden somit jede Veränderung in ihrem Leben. Sie haben Angst vor dem Umzug in eine neue Stadt, obwohl das dem beruflichen Aufstieg dienen würde, sie haben Angst vor Umstrukturierungen in der Firma, weil sie alte Gleise verlassen müssten. Weniger ängstliche Menschen sehen das als willkommene Abwechslung, als Herausforderung. Aber die Ängstlichen werden von ihrem »inneren Feind« blockiert. Dieser hindert sie, auch nur die kleinsten Veränderungen vorzunehmen, Entscheidungen zu treffen, die in eine neue Richtung gehen und für die weitere Zukunft vielleicht wichtig und gut wären.

Die Angst vor allem Unbekannten zeigt sich oft in Zukunftsangst. Diese Angst kann man sich sparen, weil sie zu nichts führt. Die Zukunft wird sein, wie sie sein wird, wir können sie nur dadurch beeinflussen, dass wir uns auf die Gegenwart konzentrieren. Alles andere ist kontraproduktiv und führt zu nichts. »Es könnte mir der Himmel auf den Kopf fallen« ist natürlich ein Argument. Aber was können wir schon tun, wenn das passiert? Und wie sollten wir es verhindern?

Manche Ängste sind diffus, entstehen scheinbar ohne äußeren Anlass: Angst vor Armut oder Krebs, vor dem Alleinsein, vor Unfällen oder Verlassenwerden, vor Impotenz, Sucht oder Außerirdischen. Nach den Ursachen zu forschen oder sich zu fragen, ob »Todesangst« die Ursache aller Ängste ist, führt zu nichts. Eine Verhaltensveränderung ist dann angebracht, wenn die Angst den Aktionsradius des Einzelnen einzuschränken droht. Hier übernimmt die Angst die Kontrolle über die Aktivitäten des Lebens. Angst führt zu Vermeidungsverhalten, schränkt somit ein und blockiert. Aus Angst vor engen Räumen entfällt das Aufzugfahren, aus Angst vor Höhe das Sesselliftfahren, aus Angst vor Enge das U-Bahnfahren, aus Angst vor einem möglichen Feuer kann man kein Kino mehr besuchen. Wer diese Ängste und Panikattacken angehen will, sollte sich professionelle Hilfe suchen, bevor sie ihn vollends beherrschen.

Bannen Sie Ihre Ängste!

Ängste lassen sich bannen, wenn man sich ihnen stellt. Der eine hat seine Angst »im Griff«, während der andere vor ihr wegrennt und sie zu verdrängen versucht. In dem Moment, in dem man der Angst in die Augen sieht, verliert sie an Bedrohlichkeit. »Aha, das bist du ja. Du darfst zwei Minuten bleiben und dann geh doch bitte wieder«. Wenn man der Angst einen Raum gibt, über sie redet, wird sie ein normaler Bestandteil des Lebens. Wie Hunger und Freude. Sie kommt und sie geht. Sie wollen Ihre Angst oder wenigstens eine Ihrer Ängste loswerden? Dann schauen Sie ihr ins Gesicht! Das Annehmen steht vor dem Loswerden! Angst ist ein Teil des Lebens. Darüber, dass wir sie spüren, werden wir ganz!

Für viele sind Ängste ein sicherer Begleiter ihres Lebens, auf den sie gar nicht verzichten wollen. Immerhin muss man nicht schwimmen gehen, wenn man Angst vor dem Wasser hat. Man hat eine gute Ausrede, zu Hause zu bleiben, wenn man Platzangst hat. Davon ausgehend, dass jede Krankheit und jedes Problem auch einen gewissen Lustgewinn mit sich bringt, sollte man sich die Frage stellen: »Was würde ich ohne dich tun?«!

Bestimmte Zustände funktionieren nicht, wenn sie von Angst begleitet sind. Beispielsweise das Lachen. Sie könnten also versuchen, sich selbst vor Prüfungssituationen zum Lachen zu bringen. Wer wirkliche Probleme mit Ängsten hat, dem empfehle ich das regelmäßige Üben von Entspannungstechniken. Wenn diese erst einmal ein Teil des normalen Lebens geworden sind, wird sich die Angst wie von alleine verziehen. Sie werden eines Tages merken: »Da war doch noch was?« Entspannung und Anspannung durch Angst schließen sich aus. Techniken wie Qi Gong, Yoga, Meditation, Autogenes Training stärken Körper, Geist und Seele. Meines Erachtens braucht heutzutage jeder, der beruflich stark engagiert ist seine ganz persönliche Entspannungstechnik!

Angst vor falschen Entscheidungen

Falls jemand Angst vor falschen Entscheidungen hat, zeigt sich dies oft in seiner häuslichen Umgebung: Er oder sie umgibt sich mit vielen Dingen, vielleicht auch Gerümpel. Die Räume zeichnen sich nicht gerade durch Leere aus und die Person kann sich schlecht von Altem lösen: Horter und Sammler, die nichts weggeben und sich nur ganz schwer von Dingen trennen können, haben im Leben oft ein Problem, sich zu entscheiden. Da kann es beim Kleiderkauf eine Ewigkeit dauern, eh sich derjenige für das hellgraue oder dunkelgraue Jackett entscheidet. Im Restaurant wird eine Bestellung zum Abenteuer, da die Karte so umfangreich ist, dass die Wahl schwierig wird! Hat sich der »Unentschlossene« endlich durchgerungen, wird er oft das Gefühl nicht los, sich falsch entschieden zu haben und bestellt nochmal um! Egal was er tut, egal in welchem Kino er sitzt, der Unentschiedene hat meistens das Gefühl, im falschen Film zu sitzen, das Falsche gesagt oder den falschen Urlaub gebucht zu haben. Die Entscheidung für das eine ist immer auch eine Entscheidung gegen das andere!

Entscheiden Sie sich dazu, sich zu entscheiden!!

Sie fragt: »In welchen Film gehen wir?« Er antwortet: »Ich weiß nicht, entscheide du!« Dann entscheidet sie sich garantiert für den Film, von dem sie denkt, dass er ihn gerne sehen würde. Und gegen den, den sie eigentlich gerne gesehen hätte! Falls Sie also im Auftrag eines solch Entscheidungsunfähigen handeln, sollten Sie zu Ihrem Vorteil handeln. Sie können nur für sich, aber nicht für andere entscheiden, es sei denn, Sie sind hellsichtig!

Menschen, die sich nicht entscheiden können, tun sich auch schwer mit dem Wegwerfen! Gerümpel in einzelnen Schränken, zuviel Papier auf dem Schreibtisch, fehlender »Durchblick« durch die Papiere kann der äußere Ausdruck dieser Entscheidungsunfähigkeit sein. Auch hier kann das Entrümpeln des Büros oder der Wohnung »entscheidende« Impulse setzen! Diejenigen, die das Gefühl haben, sich immer falsch zu entscheiden, sollten im Prozess der Entscheidung ganz bei sich sein und sich die Ruhe nehmen. Mit dem Verstand kommt man nicht weiter, denn der wurde bestimmt bereits eingesetzt. Entlasten Sie sich durch den Gedanken, dass alle Entscheidungen unvollkommen sind. Denn sobald ich mich für etwas entscheide, entscheide ich mich gleichzeitig auch gegen etwas. Wenn es also um zwei so gut wie gleichwertige und gleich teure Alternativen geht, sollten Sie auf Ihre Intuition hören und sich klar machen, dass eine Entscheidung für etwas auch immer eine gegen etwas beinhaltet.

Vielleicht kann Ihnen diese Übung dabei helfen: Zählen Sie langsam bis vier und wiederholen Sie das so oft, bis Sie sich dadurch innerlich »leer« gemacht haben. Im Geschäft können Sie neben dem Zählen jeweils vier Schritte machen. Nach einigen Sekunden werden Sie sich entscheiden können. Und überhaupt eine Entscheidung, auch eine falsche, ist immer noch besser als keine!

Mein Tipp:

- Listen Sie Ihre Ängste in der Reihenfolge der Bedrohlichkeit auf. Schauen Sie sich jede einzeln an und fragen Sie sich:
  - Wobei bremst du mich?
  - Was bringst du mir an Vorteilen?
  - Was kann mir schlimmstenfalls passieren, wenn du Recht haben solltest?

- Lachen entspannt und hilft nicht nur gegen Ängste. Überlegen Sie mal, wie Sie sich selbst oder was Sie jederzeit zum Lachen bringen könnte. Gibt es einen Film, der das schafft? Dann kaufen Sie sich diesen und legen Ihn griffbereit in Ihre Nähe.

- Könnten Sie sich vorstellen, sich zu überwinden, etwas gegen Ihre Angst zu tun? (Aber bitte nichts, was Ihre Gesundheit gefährdet!) Vielleicht haben Sie Höhenangst, dann steigen Sie doch mal auf den Kirchturm. Angst vor Wasser? Dann buchen Sie endlich einen Schwimmkurs.
- Suchen Sie sich langfristig Ihre ganz persönliche Entspannungstechnik! Gehen Sie spazieren, schwimmen oder meditieren Sie. Melden Sie sich zu einem Yoga- oder Qi Gong-Kurs an. Falls das nichts für Sie ist, probieren Sie etwas anderes, das Ihrer Meinung nach zur Entspannung von Seele, Geist und Körper beitragen kann
- Schauen Sie sich Ihre Angst ganz genau an! Dann kann sie sich wie von alleine auflösen!
- Wer viele Ängste und Unsicherheiten hat, hat meist auch viel Gerümpel in der Wohnung! Also entrümpeln Sie Ihre Umgebung gleich mit!
- Gestehen Sie sich das Recht zu, auch mal eine Prüfung nicht zu bestehen oder anderweitig zu versagen!
- Jede Entscheidung ist unvollkommen! Eine Entscheidung für etwas ist immer auch eine gegen das andere
- Angst bezieht sich immer auf etwas Zukünftiges, Unbekanntes.
- Wer Neues will, muss die Angst überwinden oder in Kauf nehmen!

9. Schritt:

Weg mit »Was wäre, wenn«

Leben Sie im Hier und Jetzt!

»Wenn das Wörtchen wenn nicht wär', ...«

Die schlimmsten Sorgen, mit denen wir unsere Tage füllen können, sind die in unserer Fantasie erzeugten Befürchtungen nach dem Motto: »Was wäre, wenn ...?« Insbesondere Frauen sind darin Weltmeister und haben die Fähigkeit, während des Sprechens nicht nur Gedanken zu entwickeln, sondern ganze Filme zu drehen.

Sie: »Ich war mit dem Hund heute beim Tierarzt. Mein Gott, wenn ich mir vorstelle, dass ich ihn vielleicht irgendwann mal einschläfern lassen muss, bricht es mir jetzt schon das Herz«. Er: »Noch ist er gesund und es geht im ganz gut«. Sie: »Aber wenn das mal der Fall sein sollte, ich könnte heulen«. Er: »Nun warte doch erst mal ab, bis es soweit ist, und mach dir jetzt keine Gedanken«. Sie, inzwischen den Tränen nahe: »Du kannst das nicht verstehen, du liebst ihn nicht so wie ich!«

Doch was ist tatsächlich geschehen? Sie war beim Tierarzt. Und den ganzen Rest hat sie in ihrer Fantasie erzeugt, Bilder, wie der arme Hund auf dem Tisch liegt und seine letzten Atemzüge tut. Frauen haben viel Fantasie. Sie denken gern in Bildern. Das Gesagte wird in ihrem Innern sofort in einen fertigen »Kinofilm« umgearbeitet, und die Bilder werden eins zu eins in Gefühle übersetzt. Mit dem Ergebnis, dass sie traurig und deprimiert sind auf Grund selbst produzierter Gedanken! Die Bilder sind so real, dass sie sie nicht mehr von den »echten« Gefühlen unterscheiden können. Sie sehen an diesem Beispiel, wie ein handfester Streit aufgrund einer völlig in der Vorstellung erzeugten Annahme, dass der Hund eingeschläfert werden muss, entsteht. Eine typisch hausgemachte Art, sich zu sorgen! Wie viele Energien werden hier vergeudet, indem man sich Gedanken über Situationen macht, die noch nicht eingetroffen sind und in vielen Fällen auch nie eintreffen werden.

Ähnlich den Tagträumereien befindet man sich in dem Moment, in dem man sich ohne Grund irrationale Sorgen macht, im Zustand der Illusion. Die menschliche Fantasie ist unerschöpflich! Nichts, was es in unseren Vorstellungen und Träumen nicht gibt! Wir sitzen am Schreibtisch und sind in unseren Tagträumen auf den Gletschern der Alpen. »Wenn ich jetzt Urlaub hätte ...« denken wir sehnsüchtig. Schnell holt uns die Realität wieder ein: Wir haben keine Zeit, weil wir arbeiten müssen, und auch nicht das nötige Geld, um zu verreisen. Schon wieder meldet sich irgendwoher eine Stimme: »Wenn ich im Lotto gewinnen würde, ... dann ab in die Karibik, Cocktails bis zum Abwinken und Faulsein bis ans Ende meiner Tage!« Dies sind Illusionen, denn die Wirklichkeit sieht anders aus. Anstatt das Leben in die Hand zu nehmen und sich selbst zu verändern, erwarten wir, dass ein Wunder geschieht und der Prinz vorbeireitet, der uns aus unserem Elend rettet und mitnimmt. Diese illusionären Erwartungen bringen nichts, aber auch gar nichts. Deshalb sollten wir keinen Gedanken an sie verschwenden!

Wir machen uns jahrelang etwas vor, flüchten aus der realen Welt in eine unreale und verpassen dadurch die Chance, an unserer Wirklichkeit etwas zu verändern. Anstatt die Energie darauf zu verwenden, machbare Ziele zu verfolgen und realistische Visionen zu entwickeln, sich dahingehend weiterzubilden, um einen Job zu finden, der mehr Spaß macht und vielleicht auch mehr Geld bringt, träumen wir während der Arbeitszeit von besseren Zeiten und tun nichts! Wie ein Suchtkranker sich mit Hilfe seiner Drogen aus der Realität in eine Scheinwelt begibt, so flüchten wir uns in Träume von unerreichbaren

Liebespartnern, dressierten Kindern, schnellen Autos. Anstatt unser Leben realistisch zu betrachten, unsere eigenen Möglichkeiten klar einzuschätzen, das zu verbessern, was möglich ist, blockieren wir uns mit unerreichbaren Illusionen!

Wer Illusionen hegt, lebt nicht im Hier und Jetzt. In einer Welt voller Seifenblasen verpasst man sein eigenes, völlig einzigartige Leben. Leben Sie im Hier und Jetzt und fragen Sie sich bei Ihren negativen Gefühlen: Sind diese nur ausgedacht, beziehen Sie sich auf Zukünftiges (noch zu früh), Vergangenes (schon zu spät) oder gerade Passiertes? Nur bei Letzterem haben Sie Grund, sich zu ärgern, depressiv zu sein, sich Gedanken zu machen. Alles andere blockiert Sie nur unnötig!

Werfen Sie Ihre Illusionen weg!

Die Denkweise »Wenn ... dann« ist lähmend und destruktiv, weil man mit seinen Gedanken und Energien nicht in der Gegenwart lebt! Das macht uns zu Opfern der Umstände und bringt uns nicht dazu, unser Schicksal selbst in die Hand zu nehmen. Sobald wir in den vielen Wenns denken, befinden wir uns nicht auf der Handlungsebene. Darum weg damit! Fragen Sie sich lieber: »Wie komme ich auch ohne Lottogewinn zu einem Porsche« und gehen Sie dieses Ziel an. Was wäre der erste Schritt? Vielleicht eine Sparbüchse, auf der Porsche steht und in die Sie jede Woche etwas hineinlegen? Was auch immer Sie tun: Trennen Sie sich von Ihren Illusionen und begeben Sie sich auf die Handlungsebene. Dann kann Ihr Wunsch auch real werden.

»Wenn ich erst dieses Projekt beendet habe, kann ich mich mehr um meine Familie kümmern« ist neben den vielen anderen »Wenns« nur eine reine Absichtserklärung. Was man in Zukunft eventuell tun würde, bringt im Heute absolut nichts und hilft keinem! Darum sollten wir nur das aussprechen, was wir in diesem Moment zu tun bereit sind. Warum nicht jetzt bereits zehn Minuten täglich mit der Familie verbringen? Das dürfte ja noch drin sein! Wozu ich bereit bin und wofür ich stehe, dafür kann ich auch die Verantwortung übernehmen. Und was hindert mich dann, dieses sofort in die Praxis umzusetzen? Was ich lebe und wonach ich handle, hat mehr Kraft als pure Worte und »Ver-Sprechen«.

Zu den äußeren Umständen, die wir gerne ändern würden, zählen auch unsere Mitmenschen. So vieles wäre anscheinend einfacher, wenn die anderen sich verändern würden. »Wenn mein Partner nicht soviel trinken würde ...«, wäre die Welt anscheinend in Ordnung. Aus dieser Spekulation heraus entstehen Anforderungen an den anderen, beispielsweise dass er nicht mehr trinken sollte. Die Sätze mit »sollte« sind austauschbar: er sollte nicht so viel Sport treiben, sie sollte nicht zu spät kommen, ich sollte mehr schlafen und weniger ausgehen, wir sollten uns mehr unterhalten ... Jeder dieser Sätze ist illusionär. Denn er entspricht nicht der Realität. Es ist eine Tatsache, dass die Menschen zu spät kommen, fremdgehen, lügen, zu viel essen. Sie tun das, und wir können sie nicht ändern. Wir vergeuden unsere Gedanken an Tatsachen, die sich unserer Kontrolle entziehen, also können wir auch gleich aufhören, uns weitere Gedanken zu machen. Sie sind vergeudete Energie!

Man selbst glaubt ja, vollkommen in Ordnung zu sein. Alles könnte so schön sein, wenn mein Partner endlich aufhörte zu meckern, zu rauchen, nicht so unordentlich wäre, nicht vor dem Fernseher einschliefe, mir endlich zuhörte. Die Liste ließe sich beliebig fortsetzen! Wir bilden uns ein, unsere Beziehung würde dann funktionieren und wir selbst wären endlich glücklich. Auch hier unterliegen wir einer völligen Fehleinschätzung der Situation und befinden uns wieder in der Opferrolle. Hier sind wir wieder bei den anderen und nicht bei uns selbst! Wir können und dürfen den anderen nicht ändern, also bleiben wir in unserer Unzufriedenheit. Dem anderen geht es gut mit sich selbst!

Die Grundlage für Veränderungen jeglicher Art liegt jedoch nur bei uns selbst. Nicht der andere, sondern man selbst muss damit beginnen, dann tut sich auch was beim anderen. Und für den Umgang mit den scheinbaren Problemen des anderen gibt es ein chinesisches Sprichwort: »Willst du das Geschehen der Welt verändern, dann bringe zunächst Ordnung ins eigene Leben«.

Nehmen Sie Ihre Visionen in Angriff!

Solange man sie nicht praktisch umsetzt, bleiben Träume das, was sie sind. Wenn sie außerhalb der Realität des eigenen Lebens liegen, sollte man sie »begraben«, denn sonst verhindern sie die Verwirklichung machbarer Projekte. Sie wollten schon immer nach Australien auswandern? Dann tun Sie es! Machen Sie den ersten Schritt. Oder reden Sie nur seit Jahren davon? Dann machen Sie endlich einen Haken dran, begraben Sie diesen Traum und reden Sie auch nicht mehr darüber. Dann werden Sie frei für etwas ganz Neues!

Von Träumen, die man nicht mehr zum Leben bringt, sollten wir uns verabschieden. Im Alter von vierzig noch eine Sportlerkarriere zu starten, ist vergebliche Mühe. Also konzentrieren Sie sich auf diejenigen Dinge, die sich in Ihrem Alter und mit Ihren speziellen Fähigkeiten noch realisieren lassen. Vielleicht sind Sie ja zum Steppen noch nicht zu alt! Also machen Sie das Tanzen zu Ihrem Hobby, aber wenden Sie sich beruflich anderen Zielen zu.

Entwickeln Sie realistische Ziele! Diese müssen im Rahmen Ihrer persönlichen und beruflichen Möglichkeiten stehen und sich von den Träumen durch ihre Machbarkeit unterscheiden. Aus Visionen werden Ziele, und diese sollten so konkret wie möglich formuliert sein und Antwort auf die Fragen: »Was will ich erreichen, wie will ich es erreichen und wie sieht der erste Schritt dazu aus?« beinhalten. Visionen sind umsetzbare Pläne. Also seien Sie konkret! Nicht nur: »Ich will schreiben«, sondern: »Ich will ein Buch schreiben«. Aus der Absicht »ich will« muss die Verpflichtung »ich werde« entstehen: »Ich werde ein Buch über das Leben auf Island schreiben«. Der erste Schritt zu diesem Buch sollte in den nächsten 72 Stunden passieren! Sonst bleiben Sie wieder in der Absicht stecken! Beginnen Sie beispielsweise mit der Gliederung, machen Sie sich eine Liste der in Frage kommenden Verlage, stellen Sie einen Zeitplan auf. Falls Sie alleine nicht auf die Handlungsebene kommen, sondern immer in den »Illusionen« feststecken, lassen Sie sich von außen helfen. Suchen Sie sich einen Coach, der oder die Ihre Absichten unterstützt. Aber tun Sie es sofort! Denn erfahrungsgemäß verpufft all das, was man nicht innerhalb von 72 Stunden angeht. Egal, wie klein die Bewegung in diese Richtung ist: Eine lange Reise beginnt immer mit dem ersten Schritt!

Werden Sie konkret!

Alles, was wir mit »möchte« formulieren, beinhaltet einen Einwand. Vielleicht ist das Ziel noch zu groß und erfordert einige Zwischenschritte? Wenn zu dem »möchte« ein »eigentlich« hinzukommt, wird es noch vager. »Eigentlich« ist eine Selbsteinschränkung, die Unsicherheit verrät. Ich möchte zwar gerne einen Vortrag halten, aber vielleicht sollte ich mein Wissen vorher noch erweitern oder einen Rhetorikkurs besuchen. Und wenn ich dann bereit bin, kann ich den Satz auch mit »werde« aussprechen. »Ich werde einen Vortrag halten« zeigt, dass ich mir das jetzt zutraue und dazu stehen kann.

Unterscheiden Sie endlich zwischen Realität und Fiktion! Schätzen Sie sich selbst und Ihre Möglichkeiten realistisch ein und erfüllen Sie sich selbst Ihre erfüllbaren Wünsche! Fragen Sie sich bei jedem »Wenn«-Satz: Ist er pure Illusion oder machbar? Fragen Sie sich bei Ihren Sorgen: Stehen diese wirklich schon vor der Tür oder befinden sie sich nur in meinem Kopf?

Verpassen Sie nicht das »Heute«

Mit unserem Körper sind wir im »Hier«, mit unseren Gedanken meist schon immer einen Schritt weiter, im »Nachher«. Wir sitzen in der Bahn und freuen uns auf das Ziel, anstatt aus dem Fenster zu schauen und den Weg dorthin zu genießen. Sind wir dann am Ziel angekommen, überlegen wir uns schon wieder, wo wir abends essen gehen und was wir danach machen werden. Wer auf einen späteren Zeitpunkt hin lebt (»wenn erst mal Freitag ist …«, »wenn ich in Rente bin …«), läuft Gefahr, die Gegenwart zu verpassen. Aber das »Jetzt« ist die einzige Realität, alles andere ist Illusion! Die Vergangenheit ist vorbei (auch wenn früher alles viel schöner, billiger, etc. war) und die Zukunft ist noch nicht da.

In *diesem* Moment lesen Sie diese Zeilen, *das* ist Ihre einzige Wirklichkeit! Vielleicht sitzen Sie dabei auf einem Stuhl oder in der Bahn, oder Sie liegen im Bett. In dieser Sekunde sind Sie in Sicherheit und es kann Ihnen nichts passieren! In diesem Moment gibt es keinen Grund, Sorgen zu haben. Keine Angst vor der Zukunft, keine Angst vor der Prüfung. Ängste und Sorgen beziehen sich nicht auf die Gegenwart, sondern immer auf eine zukünftige Situation. Im Flugzeug haben wir Angst, abstürzen zu können. Wir machen uns Sorgen, dass der Zug nicht pünktlich ankommt. Aber in diesem Moment, in dem wir diese Gedanken haben, passiert noch nichts. Wir sind geborgen und in Sicherheit, also warum versuchen wir nicht, dieses Gefühl festzuhalten und es zu genießen! Wenn wir ganz im Hier und Jetzt sind, sind wir zentriert und ruhig. Wir sind dann eins mit uns, der Zeit und dem Raum und strahlen auf andere eine starke Präsenz aus.

Mein Tipp:

Anstatt zu träumen und in Illusionen zu leben, sollten wir am heutigen Tag eine davon umsetzen. Tun Sie etwas, das Sie immer schon tun wollten, bisher aber noch nie getan haben! Es sollte etwas sein, das Sie genießen können und das Ihnen Spaß macht! Das muss nicht aufwändig sein und auch kein Geld kosten! Haben Sie schon mal in der Badewanne gefrühstückt? Oder ein Picknick gemacht? Oder wie wäre es mit einer Nachtwanderung mit Ihren Kindern? Egal, was es ist, Ihnen fällt sicher etwas mehr oder weniger Verrücktes ein, was Sie schon immer machen wollten! Sie wollen Ihr Leben verändern? Dann sollte der erste Schritt in diese Richtung innerhalb der nächsten 72 Stunden passieren!

- Wer sich ständig sorgt, lebt nicht im Hier und Jetzt.
- Gedanken und Sorgen erzeugen innere Bilder, die wir irgendwann für Realität halten.
- Sehen Sie sich nicht als Opfer der äußeren Umstände, sondern als Gestalter Ihres eigenen Lebens!
- Begraben Sie nicht umsetzbare Träume, entwickeln und verwirklichen Sie dafür Ihre Visionen!
- Streichen Sie das Wörtchen »eigentlich« aus Ihrem Wortschatz.
- Schluss mit den Absichtserklärungen! Handeln Sie!
- Gehen Sie den ersten Schritt in eine andere Richtung innerhalb der nächsten 72 Stunden!
- Es gibt nur eine Realität und die ist hier und jetzt.

10. Schritt: Die Sorgen entsorgen

Wie Sie unbeschwert leben

»Hoffentlich passiert nichts ...«

Sorgen sind wir kleine Chamäleons. Sie haben die seltsame Gabe, sich von Tag zu Tag zu verändern, sich farblich an unsere eigene Tagesform anzupassen. Den einen Tag weiß man aufgrund seines Kontostandes weder ein noch aus und sieht sich schon am Rande des Ruins, während derselbe Kontostand am nächsten Tag mit viel Optimismus und Hoffnung auf bessere Zeiten betrachtet wird. Die Tatsache an sich bleibt dieselbe, nur unsere Betrachtungsweise verändert sich. Jeder von uns hat es folglich in der Hand, seine »Sorgen« entsprechend aus einer anderen Perspektive, in einem neuen Licht zu betrachten. Aus der Sorge, dass die Autoreparatur mich ruinieren wird, kann die Herausforderung werden, mehr Geld einzusparen beziehungsweise mehr Geld zu verdienen.

Die vorweggenommene Sorge: »Was wäre, wenn ...« können wir ganz dicht an uns rankommen lassen. Denn wenn der neue Nachbar mit seinem

Klavier einzieht, dann heißt es noch lange nicht, dass er auch darauf spielt. Also warten wir doch erst einmal ab, ob er es tut und vor allem wie. Vielleicht bereichert er mit seiner Musik unser Leben. Falls nicht, haben wir vielleicht ein konkretes Problem, das wir lösen können oder auch nicht. Aber sich im Vorfeld Sorgen um Dinge zu machen, die man leider nun mal nicht beeinflussen kann, sind unnötig vergeudete Energien. »Hoffentlich kommt das Flugzeug sicher runter« kann ein verständlicher Gedanke sein, wenn der Liebste gerade an Bord sitzt. Sich aber tagelang vorher schon Sorgen um einen sicheren Flug zu machen, ist sinnlos! Man hat keinen Einfluss auf den technischen Zustand der Maschine, kennt (zum Glück!) den mentalen Zustand des Piloten nicht. Aber die stundenlangen Sorgen um den Verlauf des Fluges hinterlassen beim Sorgenden ein geschwächtes Immunsystem, blanke Nerven und einige graue Haare mehr!

Wir sind die Schöpfer unserer Sorgen und können entscheiden, ob wir sie haben wollen oder stattdessen entsorgen. Also entscheiden Sie sich! Sorgen Sie sich nicht um Dinge, die in weiter Zukunft liegen. Lassen Sie die Sorgen ganz dicht rankommen und begrüßen Sie sie mit folgendem Satz: »Hallo, da bist du ja wieder. Schön, dass du auch mal wieder vorbeischaust. Aber du kannst auch gerne gleich wieder gehen«. Sie darf sein und sie darf gehen. Dagegen kämpfen nützt nichts. Was nützt, ist mehr Gelassenheit: »Es kommt eh alles, wie es kommen muss«. Die Dinge, die uns nicht betreffen, haben wir sowieso nicht unter Kontrolle. Wir können nur unser eigenes Leben leben, unserer eigenen Zukunft so begegnen, indem wir das Beste daraus machen. Beispielsweise unseren Job gut erledigen. Wenn trotzdem die Kündigung droht, haben wir wenigstens das Gefühl, unser Bestes gegeben zu haben.

Sorgen zu vermeiden bedeutet auch, »Vorsorge« zu betreiben, sich gesund zu ernähren, etwas für den Körper tun, um Krankheiten vorzubeugen. Wer sich um vieles sorgt, bezieht oft die Sicherheit aus den Dingen, mit denen er sich umgibt. Besorgte Menschen haben lieber ein paar Konserven mehr im Küchenschrank, denn »man kann ja nie wissen«, sie werden lieber nichts wegwerfen, denn »wer weiß schon, was noch kommt«. Daher ist das Ent»sorgen« die erste Maßnahme! Also weg mit dem Gerümpel! Weg mit allem, was in den letzten Jahren nicht gebraucht wurde! Weg mit allem Kaputten und dem, was scheinbare Sicherheit im Außen gibt! Wer sich zu sehr sorgt, ist reif für eine umfangreiche »Entrümpelung« von Haus und Leben. Und keine Sorge, es geht ganz leicht! Das einzige, das Sie dazu brauchen, ist der Mut, einfach anzufangen!

Mein Tipp:

Entrümpeln Sie nach der 3-Kisten-Methode. Durchschreiten Sie Ihr Leben, wie Sie durch Ihr Haus gehen würden, von Raum zu Raum, von Schrank zu Schrank. Schauen Sie sich nach Gerümpel um. Das Leben mental zu entrümpeln bedeutet, sich bei jeder Aktivität, jedem Menschen, Gedanken, Problem, jedem Verhalten und jeder Überzeugung zu fragen: »Will ich es behalten oder loswerden? In welche der drei Kisten gehört es?« Entrümpeln Sie auf diese Weise Ecke für Ecke Ihrer »inneren Räume«, sortieren Sie und räumen Sie Ihr Leben auf. Geben Sie den wichtigen Dingen den richtigen Stellenwert:

Kiste Nummer 1: Dieser Gedanke, dieses Verhalten, diese Einschätzung, dieses Vorurteil blockieren mich und sollen mein Leben nicht länger bestimmen! Ich entscheide mich, diese ziehen zu lassen und packe sie in eine große Kiste mit der Nummer 1.

Kiste Nummer 2: Davon kann ich mich, so gerne ich es wollte, noch nicht trennen. Ich habe es schon öfters versucht, aber irgendwie kommt dieses Muster, dieser Gedanke, immer wieder zurück. Also braucht dieses wohl noch eine Weile. Irgendwann lasse ich es ziehen. Bis dahin akzeptiere ich es, denn ich weiß, es ist bereits auf dem Sprung raus aus meinem Leben!

Kiste Nummer 3: Diese Haltungen und Werte sind meine Schätze! Ich werde sie gerne pflegen und mich um sie kümmern! Sie stärken und unterstützen mich, daher gebe ich Ihnen entsprechend Raum in meinem Leben.

Die Autorin

Rita Pohle, Dr. phil., M.A., Industrial Designerin HdK, studierte zunächst Germanistik und Politologie an der Freien Universität Berlin, dann Industrial Design an der Hochschule der Künste Berlin Sie lebt in Stuttgart und arbeitet selbstständig als Interior- und Industrial Designerin, seit 1996 im eigenen Büro »design & consulting«. Als Designerin und Feng-Shui-Expertin gestaltet sie Arztpraxen, Ladengeschäfte, Geschäfts- und Privaträume nach Feng Shui.

Darüber hinaus berät sie Firmen und Privatleute in Gestaltungs- und Konzeptionsfragen und unterstützt durch systemische Beratung und lösungsorientiertes Coaching. Sie hält Vorträge und veranstaltet Seminare zu den Themen Feng Shui, Space Clearing und Selbstmanagement.

Weitere Informationen oder Kontakt zur Autorin:
info@fengshuidesign.de
www.spaceclearing.de
www.fengshuidesign.de

Rita Pohle

Weg damit! Die Seele befreien

In sieben Wochen das Leben entrümpeln

220 Seiten, Broschur,
ISBN-10: 3-7205-2472-8
ISBN-13: 978-3-7205-2472-8

Die Erfolgsautorin Rita Pohle zeigt leicht umsetzbare Tipps und Tricks um den Alltag, des menschliche Miteinander, und sich selbst mental zu entrümpeln.
Weg mit den Kontakten, die nur Zeit und Energie rauben! Weg mit den Problemen, die gar keine sind oder uns nicht gehören! Dann ist endlich Platz für das Wesentliche im Leben!

ARISTON